Understanding and Using English Syntax

Akihiko Haisa

Gary Bourke

Asahi Press

音声再生アプリ「リスニング・トレーナー」を使った音声ダウンロード

朝日出版社開発のアプリ、「リスニング・トレーナー（リストレ）」を使えば、教科書の音声をスマホ、タブレットに簡単にダウンロードできます。どうぞご活用ください。

◉ アプリ【リスニング・トレーナー】の使い方

《アプリのダウンロード》

App Store または Google Play から「リスニング・トレーナー」のアプリ（無料）をダウンロード

App Storeは
こちら▶

Google Playは
こちら▶

《アプリの使い方》

① アプリを開き「コンテンツを追加」をタップ
② 画面上部に【15651】を入力しDoneをタップ

音声ストリーミング配信 》》》

この教科書の音声は、右記ウェブサイトにて無料で配信しています。 https://text.asahipress.com/free/english/

表紙デザイン／大下賢一郎

本書で学習する皆さんへ

　今、日本では小学校での英語正式教科化、中学・高校での英語で行う英語授業の推進、4技能重視を試みる大学入試改革など、英語教育は大改革の真っただ中にあると言っても過言ではありません。また社会のグローバル化に伴い、コミュニケーション能力育成の重視は加速の一途を辿っています。中高でもコミュニケーション活動で英語を聞いたり話したりする機会が増え、推測力を働かせて英語が何となくわかる、また単語や語句レベルでなら相手とコミュニケーションが取れるという学生が多くなっています。

　しかし一方で、コミュニケーション活動に時間が取られ、英文構造をしっかり理解し、作成するための時間が取りにくくなっているのも事実のようです。日常の簡単なコミュニケーションなら何となく通じるレベルでもかまわないのですが、やや複雑なコミュニケーションを取ったり、仕事でメールを使って交渉したりする場合はそうもいきません。本書は、英語が何となくわかるのではなく、英文構造の基礎基本をしっかりと理解し、活用できるようにすることを目指すものです。

　本書では、英文構造の理解と活用のための文法を学習しますが、多くの文法書とは異なるアプローチをとります。具体的には、英文構造を「名詞の働きをする語句や文のまとまり」、「形容詞の働きをする語句や文のまとまり」、「副詞の働きをする語句や文のまとまり」という3つのカテゴリーから理解します［それぞれが語句と文に分かれるので、細分類としては6つのカテゴリーになります］。また本書では、それぞれのカテゴリーを特殊記号を使って可視化することを試みます。特殊記号は、皆さんが使い慣れているかっこやスラッシュにちょっと印をつけ足すことで名詞・形容詞・副詞［句・節］を区別するという考えから便宜的に作ったものです。

　では早速、細分類された6つのカテゴリーについて見てみましょう。まず「名詞の働きをする語句のまとまり（名詞句）」のカテゴリーを簡単に説明します。

1.　I like (him).
　　私は (彼) を好む。

1.'　I like (singing songs).
　　私は (歌を歌うこと) を好む。

　I like him. なら簡単にわかるのに、(him) という名詞が (singing songs) と動詞を含む名詞的な語句のまとまりになると途端にわからなくなってしまう中学生が多いようです。これは中学文法では「動名詞」として学ぶ項目ですが、本書では「名詞の働きをする語句のまとまり」として学習します。名詞的な語句のまとまりは、本書では ( ) という特殊記号 (丸かっこ) を使います。

　次は「名詞の働きをする文のまとまり /名詞節/」です。

2. I know ⟨you⟩.
　　私は ⟨あなた⟩ を知っている。

2.′ I know ⟨that you are kind⟩.
　　私は ⟨あなたが優しいということ⟩ を知っている。

　こちらも、I know you. なら簡単にわかるのに、⟨you⟩ という名詞が ⟨that you are kind⟩ という「主語と述語を含む名詞的な文のまとまり」になるとわからなくなってしまう場合があります。しかし、that 以下を「〜ということ」と名詞的な 1 つのまとまりとして捉えることができれば簡単に理解できます。名詞的な文のまとまりは、本書では ⟨　⟩ という特殊記号 ⟨丸スラッシュ⟩ を使います。
　次は「形容詞の働きをする語句のまとまり ⟨形容詞句⟩」です。形容詞とは、そもそも名詞を説明するものだということを常に意識する必要があります。

3. The ⟨tall⟩ boy is my brother.
　　その ⟨背が高い⟩ 少年は私の兄 [弟] だ。

3.′ The boy ⟨playing the guitar⟩ is my brother.
　　⟨ギターを弾いている⟩ 少年は私の兄 [弟] だ。

　こちらも、The tall boy is my brother. なら tall という形容詞が boy にかかると自然にわかるのですが、動詞を含む語句の形容詞的なまとまりが名詞の後に置かれるとわけがわからなくなってしまう学習者も多くいます。形容詞的な語句のまとまりは、本書では ⟨　⟩ という特殊記号 ⟨槍かっこ⟩ を使います。名詞の後に動詞の ing 形が続いていたら形容詞的な語句のまとまりの可能性を考え、そうであったらこの槍かっこでくくって、説明する名詞に波線を引くようにすると理解しやすくなります。
　次は「形容詞の働きをする文のまとまり ⟨形容詞節⟩」です。

4. The ⟨big⟩ hamburger was delicious.
　　その ⟨大きな⟩ ハンバーガーは美味しかった。

4.′ The hamburger ⟨I ate yesterday⟩ was delicious.
　　⟨私が昨日食べた⟩ ハンバーガーは美味しかった。

　こちらも同様に、the big hamburger は日本語と語順も同じで、⟨大きな⟩ という形容詞は理解しやすいのですが、⟨私が昨日食べた⟩ のように文の途中に the hamburger を説明する形容詞的な文のまとまりが来ると文全体がわかりにくくなります。本書では、このような形容詞的な文のまとまりには ⟨　⟩ という特殊記号 ⟨槍スラッシュ⟩ を使って可視化します。この記号でくくり、説明する名詞に波線を引いておくと文の構造がよりわかりやすくなります。

次は「副詞の働きをする語句のまとまり（副詞句）」です。

5.　I visited Tokyo (yesterday).
　　私は(昨日)東京を訪れた。

5.′　I visited Tokyo (to see him).
　　私は(彼に会うために)東京を訪れた。

　I visited Tokyo yesterday. は簡単にわかる英文かと思います。この文の(yesterday) は名詞でもなく、名詞を説明する形容詞でもありません。「(昨日)訪れた」と動詞にかかっているので、これを副詞と呼びます。同様に、(to see him) も「(彼に会うために)訪れた」と動詞にかかっているので、これを「副詞の働きをする語句のまとまり」と位置づけます。副詞的な語句のまとまりは、本書では (　　) という記号（只かっこ）を使います。
　最後に「副詞的な働きをする文のまとまり╱副詞節╲」です。

6.　I will go hiking (tomorrow).
　　私は(明日)ハイキングに行く。

6.′　I will go hiking ╱if you come╲.
　　私は╱もしあなたが来るなら╲ハイキングに行く。

　こちらも (tomorrow) だけなら理解しやすいのですが、╱もしあなたが来るなら╲のように動詞にかかる副詞的な文のまとまりが付くと文全体はやや複雑になります。本書では、このような副詞的な文のまとまりを╱　　╲という特殊記号╱鍵スラッシュ╲を使って可視化することで理解を図ります。

　以上のように本書では、Unit 1〜12でこれらの6つのカテゴリーにそって学習します。そしてUnit 13, 14では、動詞相当語句という「動詞の働きをする語句のまとまり」、知覚動詞や使役動詞についての理解と活用を目指します。本書で使う動詞相当語句という名称は、例えば、助動詞＋have＋過去分詞、現在完了進行形、現在完了の受け身など、中学で習う個々の文法項目が組み合わさってできた動詞の働きをする語句のまとまりに対して使用します。
　それぞれのUnitは1ページ目が10個の暗唱用例文、2ページ目が例文の説明、3ページ目が理解のための英文と文章の把握、4ページ目がアウトプットを意識した活用のための問題とタスクで構成されています。
　本書で特に重要なのは1ページ目の暗唱用例文で、これをしっかりマスターし活用できるようにして欲しいと思います。本書で扱う140の例文は全てとは言えないまでも基本的な高校文法のほとんどを網羅しており、どれ1つとして無駄な例文はありません［付録、p.80の「文法項目と本書の対応表」を参照］。
　2ページ目の文法解説では、細かい説明は避け、できるだけシンプルに書きました。文法

は英文を理解したり活用したりするための補助なので、ルールが何となくわかったら英文に戻って意味を考えながら音読することをお勧めします。暗唱用例文は音声もダウンロードできるので、日本語を介さずに英語で意味を捉えながらシャドウイングをしてみてください。

　3ページ目では、本書で紹介した特殊記号や波線・実線を使って英文や文章の理解を図ります。学習対象の句や節、動詞相当語句を可視化するための試みです。可視化のための記号づけは面倒くさいと思われる学習者もいると思いますが、本書では英文や文章の構造を正確に理解するための訓練として取り組んで欲しいと思います。可視化することで英文構造を正確に理解し、把握する力のあることが確認できたら、もう本書のような特殊記号を使う必要はありません。たくさんの英文に触れ、構造を意識せずに英文を英文のまま理解する訓練を積んでください。

　4ページ目ではアウトプットの訓練をします。1つは、与えられた日本文に合うように語（句）を並べ替えて英文を作る練習です。英文が作れるかどうかは、文法理解ができているかどうかにかかっています。もう1つは、学習した構文を使って、自分のことに照らし合わせて英文を自由に作るタスクです。英語構文は、その構文を使って様々な英文を作ることができて初めて本当に理解できたことになります。タスクの問題は紙面の関係で3問しか設けていませんが、それぞれの暗唱用例文で、自分に照らした英文をぜひ作ってみてください。スピーキングやライティングで使える英文のバリエーションは大きく広がるはずです。

　尚、本書の日本語訳は限りなく直訳にしてあるので、日本語としておかしな表現が多々あるかと思います。学習者が英文構造を理解するには直訳のほうがわかりやすいと考えるからです。3ページ目に英文を日本語にする問題がありますが、あまりにも変な日本語でない限り、学習者の皆さんも直訳を試みてください。翻訳家を目指すなら別ですが、日本語訳は英文理解の補助であって目的ではありません。意味がわかったら、皆さんにはぜひもう一度英文に戻って音読し、英語をそのまま理解できるようになることを目指して欲しいと思います。

　本書が学習者の皆さまの英語構文の理解と活用に少しでも役立つことができたら心より嬉しく思う次第です。最後になりましたが、朝日出版社第一編集部の朝日英一郎氏には企画の段階から貴重なご助言を頂きました。心より感謝申し上げます。

2019年夏
羽井佐昭彦

目　次

Part 1

Unit 1〜4

名詞句・名詞節

　Unit 1〜2 では、名詞の働きをする語句のまとまりである名詞句を学習します。本書で扱う名詞句を作る文法は、不定詞[名詞的用法]、動名詞、疑問詞＋to不定詞、whether to〜の4つです。

　Unit 3〜4 では、名詞の働きをする文のまとまりである名詞節を学習します。本書で扱う名詞節を作る文法は、that節、関係代名詞のwhat、疑問詞節、接続詞 if [whether]、複合関係詞の5つです。

　この9つの文法項目を学習すれば、英語の名詞句・名詞節はほぼ網羅できます。ちなみに名詞句・節でよく使われる疑問詞は、「いつ [when]・どこで [where]・誰が [を] [who]・何を [が] [what]・なぜ [why]・どのように [how]」の5W1Hと「どちら [which]」の7つだけなので、これらも常に意識するようにしましょう。

UNIT 1 名詞の働きをする語句のまとまり（名詞句）その1

本課では不定詞（名詞的用法）を学習します。不定詞が作る名詞的な語句のまとまりは名詞句と呼ばれ、文の主要素の一部［主語、補語、目的語］になります。本書では可視化するため、名詞句を（　）［丸かっこ］でくくり、注意を要する形式主語や形式目的語のitには波線を引きます。

  暗 唱 用 例 文

1. (To exercise regularly) is good for your health.
   (定期的に運動すること)はあなたの健康によい。

2. My dream is (to become a famous movie director).
   私の夢は(有名な映画監督になること)だ。

3. He promised (to tell me the truth).
   彼は(真実を私に語ってくれること)を約束した。

4. My mother told me (to clean my room).
   母は私に(部屋を掃除すること)を言った［(掃除するよう)言った］。

5. It is important (to eat breakfast every day).
   (毎日朝食を食べること)は重要だ。

6. It is essential for me (to finish this report by Monday).
   (月曜日までにこのレポートを終えること)は私にとってきわめて重要だ。

7. It is kind of you (to let me stay in your apartment).
   (私をあなたのアパートに泊めてくれたこと)はあなたの優しさだ。

8. I found it difficult (to talk to him in the classroom).
   私は(教室で彼に話しかけること)が難しいとわかった。

9. I have decided (not to eat many sweets).
   私は(たくさんのスイーツを食べないこと)に決めた。

10. It was a terrible mistake (to have chosen him as my boyfriend).
    (彼をボーイフレンドとして選んでしまったこと)はとんでもない間違いだった。

解 説

1. **不定詞が主語**

   不定詞〔to＋動詞の原形＝〜すること〕が主語 [S] になっている例です。「〔〜すること〕は…です」と言いたいときに使う構文です。

2. **不定詞が補語**

   不定詞が、be動詞の後に続いて補語 [C] になる例です。「…は〔〜すること〕です」と言いたいときに使う構文です。

3. **不定詞が目的語**

   不定詞が一般動詞の後に続いて、目的語 [O] になっている構文です。「S[主語] は〔〜すること〕を…する」と言いたいときに使う構文です。不定詞を目的語とする動詞の例は、p.71 の 1.1 にまとめてあります。

4. **SVO ＋不定詞**

   「S[主語] は O[目的語] に〔〜すること〕を V[動詞] する」という意味になる構文です。日本語訳では、「…に〔〜するよう〕V する」と副詞的に訳すことが多いです。この構文でよく使われる動詞の例は、p.71 の 1.2 にまとめてあります。

5. **形式主語**

   [it＝不定詞の形式主語] の構文です。it は不定詞の代用なので「それは」と訳さないようにしましょう。it が〔to以下の名詞句〕であることを明確にするために本書では it に波線を引きます。it is の後によく使われる形容詞の例は、p.71 の 1.3 にまとめてあります。

6. **形式主語の意味上の主語**

   形式主語の構文で意味上の主語を示したい場合は、不定詞の前に [for＋意味上の主語] を置きます。意味は「〔〜すること〕は [意味上の主語] にとって…だ」とそのまま訳せば良いでしょう。

7. **形式主語の意味上の主語、it is 性格**

   it is の後に「人の性格・性質」が来る場合、不定詞の前に置かれる意味上の主語の前置詞が of になるというルールです。人の性格や性質の描写として良く使われる形容詞の例は p.71 の 1.4 にまとめてあります。

8. **形式目的語**

   [it＝不定詞の形式目的語] の構文です。「〔〜すること〕が…だとわかる [思う・感じる]」と言いたいときに使う構文です。形式目的語の it にも波線を引きます。形式目的語でよく使われる形容詞も形式主語の場合と同様です [p.71 の 1.3 を参照]。

9. **不定詞 の否定形**

   不定詞を否定形にしたい場合、to の前に not をつけるという簡単なルールを覚えておきましょう。強い否定にしたい場合は、not の代わりに never をつけます。

10. **不定詞 の完了形**

    不定詞の動詞が主文の動詞より前の出来事を表わす場合、〔to have ＋過去分詞〕のように完了形を使います。「〜したこと・してしまったこと」という意味になります。

1. 次の英文の名詞句を暗唱用例文に倣って（　）[丸かっこ]でくくり、波線を引き、日本語にしなさい。

(1) A tour guide's responsibility is to help tourists enjoy their visit.

(2) I think it wrong to speak ill of others.

(3) It is difficult for me to remember so many new words every week.

(4) My boss persuaded me to work on Saturday and Sunday.

(5) To have a dream is one thing and to make efforts toward its realization is another.

2. 次の文章の名詞句を暗唱用例文に倣って（　）で[丸かっこ]でくくり、波線を引き、全文を日本語にしなさい。

③ (1) It is never easy to remember newly studied vocabulary. Here are some useful techniques. One method is to categorize new words into groups like verbs, nouns, and adjectives. This will also help you to prepare for vocabulary tests. Another strategy is to use the new vocabulary. One good idea is to write example sentences about yourself and your daily life. One more method is to create a set of vocabulary cards. You can carry them in your bag and review them anywhere.

④ (2) In early April, it is customary for Japanese schools and universities to hold entrance ceremonies. The purpose of these formal gatherings is to mark the start of a new academic year and celebrate a new chapter in the students' lives. Students sit and listen to speeches from the principal and other key members of staff. The aim is to give useful advice to the students. Moreover, these words encourage students to set academic goals for the coming years.

3. 次の [　　] 内の語（句）を並べ替えて、日本文の意味に合う英文を作りなさい。

(1) 私はこの夏に運転免許テストに合格することを希望している。

I am [driving / hoping / my / test / pass / this / to] summer.

(2) 明日の締切までにそのレポートを終えることは不可能だ。

It [by / deadline / finish / impossible / is / the report / to / tomorrow's].

(3) 彼の誕生日を忘れてしまっていたことはばつが悪かった。

It [birthday / embarrassing / forgotten / have / his / to / was].

(4) 彼を信じてあんな高いドレスを買ったことは自分の愚かさだ。

It [stupid / and / believe / me / was / of / him / to] buy such an expensive dress.

(5) 私のモットーはつまらないことで怒らないことだ。

My motto [get / over / to / trivial / not / angry / is / matters].

4. 次の質問に対して、自分のことに照らし合わせて答えてみましょう。それぞれ、学習した構文を使ってください。

(1) What is your life motto?

Example: My life motto is to be kind to others.

My life motto is _____.

(2) What is something important for you to do?

Example: It is important for me to get up early every morning.

It is important for me _____.

(3) What have you decided not to do recently?

Example: I have decided not to eat many cakes.

I have decided _____.

2 名詞の働きをする語句のまとまり (名詞句) その2

本課では(動名詞)、(疑問詞＋to不定詞)、(接続詞のwhether＋to)を学習します。これらの名詞句も文の主要素の一部[主語、補語、目的語]になることが多く、名詞的な語句のまとまりであることを意識して学習しましょう。本書では可視化のため、これらの名詞句も(　　　)[丸かっこ]でくくります。

⑤ 暗唱用例文

1. (Singing in the bath) makes me happy.
   (お風呂で歌うこと)は私を幸せにする。

2. One of my interests is (eating ethnic food).
   私の趣味の１つは(エスニック料理を食べること)だ。

3. I remember (visiting this town a long time ago).
   私は(ずっと前にこの町を訪れたこと)を覚えている。

4. My friends may not like (me speaking too much).
   友だちは(私が話し過ぎること)を好まないかもしれない。

5. I'm sorry for (not coming to the meeting on time).
   私は(時間通りに集会に来なかったこと)を申し訳なく思っている。

6. I regret (having refused his marriage proposal).
   私は(彼の結婚のプロポーズを断ってしまったこと)を後悔している。

7. We usually don't like (being criticized).
   私たちはたいてい(非難されること)を好まない。

8. I have to decide (where to stay tonight).
   私は(今晩どこに泊まるべきか)を決めなくてはならない。

9. Please tell me (what book to read).
   (何の本を読むべきか)を私に教えてください。

10. I have to determine (whether to go or not).
    私は(行くべきか行かざるべきか)を決めなくてはならない。

解 説

1. 動名詞が主語
動名詞(動詞＋ing＝～すること)が主語 [S] になっている例です。この例文では動名詞の後に続く動詞 [V] が一般動詞ですが、例えば、(Watching a soccer game) is fun. 「(サッカーの試合を観ること)は楽しい」のようにbe動詞が後に続くこともあります。

2. 動名詞が補語
動名詞が、be動詞の後に来て補語 [C] になる例です。「…は(～すること)です」と言いたいときに使う構文です。

3. 動名詞が目的語
動名詞が一般動詞の後に来て、目的語 [O] になっている構文です。「S[主語]は(～すること)を…する」と言いたいときに使う構文です。動名詞を目的語とする動詞の例は、p.72 の 2.1 にまとめてあります。

4. 動名詞の意味上の主語
動名詞の主語が主文の主語と異なる場合は、動名詞の前に意味上の主語を置くという簡単なルールを知っておきましょう。代名詞の場合は目的格か所有格にします。名前などの固有名詞の場合はそのまま動名詞の前に置きます。

5. 動名詞の否定形
動名詞を否定形にしたい場合、動名詞の前にnotをつけるという簡単なルールを覚えておきましょう。この例文の動名詞は前置詞の後に続いています。[前置詞＋動名詞] の慣用表現の例は、p.72 の 2.2 にまとめてあります。

6. 動名詞 の完了形
動名詞の内容が主文の動詞より前の出来事の場合、(having＋過去分詞)のように完了形を使います。

7. 動名詞の受け身形
動名詞の内容を受け身にしたい場合、(being＋過去分詞)にします。

8. 疑問詞＋to不定詞
(when・where・who・what・how・which＋to～)＝(いつ・どこで・だれが [を]・何を [が]・どのように・どちらを～すべきか)という意味になります。5W1Hでは、[why to～]だけないので注意しましょう。例文では「(どこに泊まるべきかということ)を決めなくてはならない」と捉えると、このまとまりが名詞的なまとまりであることがわかります。

9. what [which]＋名詞＋to不定詞
疑問詞のwhatとwhichはその後に名詞を伴い、(何の [どちらの]…を～すべきか)という意味になります。

10. whether＋to不定詞
接続詞whetherの後にto不定詞が続く構文で、(～べきかどうか)という意味になります。whetherの後にor notが続き、(whether or not to go)となることもあります。

1. 次の英文の名詞句を暗唱用例文に倣って（　　）[丸かっこ]でくくり、日本語にしなさい。

(1) I remember having eaten similar food at this restaurant.

(2) Ken's new part-time job is teaching math at a cram school.

(3) She pondered which bag to choose as a gift.

(4) She was ashamed of not winning the decisive game.

(5) Watching a football game at a sports bar is exciting.

6 2. 次の文章の名詞句を暗唱用例文に倣って（　　）[丸かっこ]でくくり、全文を日本語にしなさい。

(1) Smartphones are very convenient. However, we must learn when to leave them in our bags. For example, walking and looking at your smartphone may cause an accident, and placing them on your desk during class can be distracting. Texting and playing games on your smartphone can be fun, but using your phone in the company of friends and family can be considered rude. Not turning off your smartphone in libraries, movie theaters, and other public places can also create a nuisance.

7 (2) Japanese schools began introducing school uniforms at the end of the 19th century as a smart, practical alternative for more traditional clothing. Nowadays, having some type of dress code is very common at junior and senior high schools. Modern-day uniforms are both smart and trendy, so the majority of students enjoy wearing them. Also, some students prefer wearing a uniform, because they do not have to decide what to wear to school. Nevertheless, some teenagers will always adapt parts of their outfit and try displaying their individuality.

3. 次の [   ] 内の語（句）を並べ替えて、日本文の意味に合う英文を作りなさい。ただし、文頭の語も小文字にしてあります。

(1) 私はあなたが誕生日パーティーに来てくれたことを感謝します。
   I [birthday / coming / my / appreciate / party / to / your].

(2) 私は髪を切るべきか否かを考えた。
   I [hair / cut / whether / my / or / to / wondered] not.

(3) 彼女は友だちに子どものように扱われることを嫌う。
   She [being / a child / her friends / hates / like / by / treated].

(4) 彼女はどのように着物を着るべきかを私たちに示してくれた。
   She [how / on / put / showed / a kimono / to / us].

(5) あなたは窓を開けることをいやだと思うでしょうか？ [窓を開けてもらえませんか？]
   [mind / you / the / opening / window / would]?

4. 次の質問に対して、自分のことに照らし合わせて答えてみましょう。それぞれ、学習した構文を使ってください。

(1) What makes you happy?
   Example: Eating a lot of sweet things makes me happy.
   _____ makes me happy.

(2) What do you regret not having done?
   Example: I regret not having applied for the study-abroad program.
   I regret _____.

(3) What must you decide when you are going out with your friend?
   [Use "where to ~" or "what to ~".]
   Example: I must decide where to go.
         I must decide what to wear.
   I must decide _____.

UNIT 3 名詞の働きをする文のまとまり〔名詞節〕 その1

本課では〔thatが導く名詞節 [以下、that節] と〔関係代名詞のwhat〕を学習します。名詞句が名詞的な語句のまとまりであるのに対し、名詞節は文のまとまりとなります。本書では可視化のため、名詞節を〔 〕[丸スラッシュ] でくくり、名詞節を導くキーワードとなる接続詞のthat、関係代名詞のwhat、注意を要する形式主語や形式目的語のitに波線を引きます。thatはよく省略されますが、ここでは一部を除き、省略しない形で紹介します。

⑧ 暗唱用例文

1. My advice is /that you should reduce your workload/.
   私のアドバイスは、/あなたが仕事量を減らすべきだということ/だ。

2. I think /that Ren will be a famous architect/.
   私は/レンが有名な建築家になるだろう/と思う。

3. I was surprised /that the girl was eating fried insects/.
   私は/その少女が虫の揚げ物を食べていたこと/に驚いた。

4. It is sad /that she failed the entrance exam/.
   /彼女が入試に失敗したこと/は悲しいことだ。

5. I think it important /that I review all my classes/.
   私は/全ての授業の復習をすること/が重要だと思う。

6. I like the idea /that faith can move mountains/.
   私は/信念が山をも動かすことができるという/考えが好きだ。

7. My friend told me /that she had already gone out/.
   友人は/彼女がすでに出かけた/と私に言った。

8. I wish /I knew his cell phone number/.
   私は/[今]彼の携帯番号を知っていたらなあ/と思う。

9. I wish /I had studied harder in high school/.
   私は/高校時代にもっと一生懸命勉強していたらなあ/と思う。

10. /What he said/doesn't make any sense.
    /彼が言ったこと/は全く理解できない。

 解 説

1. that節が補語
thatで始まる名詞的な文のまとまりがbe動詞の後に続く構文です。My adviceが主語[S]、isがbe動詞[V]、that節が補語[C]というSVCの構文です。

2. that節が目的語
that節が一般動詞の後に続く構文です。Iが主語[S]、thinkが一般動詞[V]、that節が目的語[O]というSVOの構文です。本文の訳を「…が〜になるだろうということを思う」と捉えると、that節が名詞的な働きをしていることがわかります。この構文でよく使われる動詞の例は、p.72の3.1にまとめてあります。

3. 形容詞の後に続くthat節
形容詞＋that節の構文です。「〜であること[that節]に対して[形容詞]」と捉えることができるので、本書ではこのthat節を名詞節として扱います。この構文でよく使われる形容詞の例は、p.73の3.2にまとめてあります。

4. 形式主語[that節]
it＝that節で、that節が主語になっている構文です。itを「それ」と訳さないよう注意しましょう。itがthat節であることを明確にするためにitに波線が引かれています。この構文でよく使われる形容詞の例は、p.73の3.3にまとめてあります。

5. 形式目的語[that節]
it＝that節で、that節が目的語になっている構文です。Iが主語[S]、foundが動詞[V]、itが目的語[O]、importantが補語[C]というSVOCの構文です。こちらもitがthat節であることを明確にするためにitに波線が引かれています。この構文でもp.73の3.3の形容詞の例がよく使われます。

6. 同格のthat節
that節とthe ideaが同等の関係を持つ構文です。「〜という…」と訳します。名詞の後にthatが導く名詞節が続いている場合は、同格であることが多いので注意しましょう。同格としてよく使われる名詞の例は、p.73の3.4にまとめてあります。

7. 過去完了形の使用[that節]
that節の内容が主文の過去を表わす動詞より前の出来事の場合、すなわち過去の過去になる場合、that節内の動詞は過去完了形を使います。この文は、My friend[S] told[V] me[O] that〜[O]のように目的語を2つ取るSVOOの構文です。that節を含むSVOOの構文でよく使われる動詞の例は、p.73の3.5にまとめてあります

8. 仮定法過去[I wish 〜]
I wish 主語＋[動詞の過去形]という現在の事実と異なることを仮定する構文です。「私が[今]〜だったらなあと思う」という意味になります。名詞節を導くthatは省略されています。

9. 仮定法過去完了[I wish 〜]
I wish 主語＋[動詞の過去完了形]という過去の事実と異なることを仮定する構文です。「私が[過去に]〜だったらなあと思う」という意味になります。名詞節を導くthatは省略されています。

10. 関係代名詞のwhat
この関係代名詞のwhatは「〜こと」という意味で、名詞的な働きをする文のまとまりを作っています。

1. 次の英文の名詞節を暗唱用例文に倣って⌇　⌇[丸スラッシュ]でくくり、波線を引き、日本語にしなさい。

(1) I heard that he was going to be late.

(2) I can't understand what is written in this memo.

(3) I found it surprising that she could speak English so fluently.

(4) I wish I had been in time for the train this morning.

(5) The news that they got married surprised us.

2. 次の文章の名詞節を暗唱用例文に倣って⌇　⌇[丸スラッシュ]でくくり、波線を引き、全文を日本語にしなさい。尚、これらの文章には名詞句も含まれているので、同様に（　　）[丸かっこ]でくくり、波線を引きなさい。名詞節が二重になっている箇所もあります。

9 (1) Experts tell us that we should have a balanced diet and not eat too many snacks. However, I find it very difficult to follow their advice. My friends often tell me that I eat too many sweets and drink too much soda. Actually, I often hang out with my friends after school and chat. In the evening, I am usually too exhausted and cannot cook a nutritious meal. I often wish I had more time and cannot deny the fact that I am not using my time efficiently.

10 (2) First-time visitors often find it surprising that Japan is more than just a collection of temples and shrines. They are astonished that trains and buses all depart and arrive on time. Japan's extremely reliable transportation system makes planning a sightseeing trip much easier. Other foreign tourists are surprised that they can easily find affordable restaurants with excellent service and delicious food. A friendly group of travelers recently told me that they wished they had as much choice in their home country.

18

3. 次の [   ] 内の語(句)を並べ替えて、日本文の意味に合う英文を作りなさい。ただし、文頭の語も小文字にしてあります。

(1) 私はルナがもっと早く知らせてくれなかったことに腹を立てた。

I was [didn't / know / upset / let / Runa / me / that] earlier.

(2) 彼は私にユリが宝くじを当てたということを知らせてくれた。

He [had / me / Yuri / that / the lottery / won / informed].

(3) 私は歯の痛みがなくなってくれたらなあと思う。

[away / toothache / go / I / my / wish / would].

(4) その映画が大ヒット作になったことは驚くに値しない。

[surprising / became / it / the movie / not / that / is] a blockbuster.

(5) 事実は私たちが過去を変えることができないということだ。

[is / change / the fact / cannot / that / we] the past.

4. 次の質問に対して、自分のことに照らし合わせて答えてみましょう。それぞれ、学習した構文を使ってください。

(1) Describe one of your bad habits.
   Example: One of my bad habits is that I play with my smartphone too
            much.
   One of my bad habits is _____.

(2) What news were you impressed by recently?
   Example: I was impressed by the news that Japan won the
            championship.
   I was impressed by the news _____.

(3) What is something you wish you had done?
   Example: I wish I had attended the party.
   I wish _____.

UNIT 4 名詞の働きをする文のまとまり /名詞節/ その2

本課では、名詞節を導く/疑問詞 [5W1H・which]/、/接続詞 [if・whether]/、/複合関係詞 [whoever・whatever・whichever]/を学習します。名詞節は主文の主要素の一部 [主語、補語、目的語] になります。本書では可視化のため、名詞節を/ /[丸スラッシュ] でくくり、名詞節を導くキーワードとなる疑問詞、接続詞 [ifとwhether]、複合関係詞、注意を要する形式主語のitに波線を引きます。

  11 暗唱用例文

1. I want to know /when Takayuki will come back to Japan/.
   私は/いつタカユキが日本に帰ってくるのか/を知りたい。

2. Please tell me /where he lives now/.
   /彼が今どこに住んでいるのか/を私に教えてください。

3. I don't care /who is coming to the party/.
   私は/誰がそのパーティーに来るのか/を気にしない。

4. Could you tell me /what his favorite food is/?
   /彼の好きな食べ物は何か/を私に教えて頂けますか？

5. I don't know /why you ran away from me/.
   私は/なぜあなたが私から逃げたのか/がわからない。

6. The most important thing is /how I can enjoy my life/.
   最も大切なことは/どのように自分が人生をエンジョイできるかということ/だ。

7. I need to know /which company I should choose/.
   私は/どちらの会社を選ぶべきか/を知る必要がある。

8. I wonder /if you could proofread my report/.
   私は/あなたが私のレポートを校正してくれるかどうか/と思う。

9. It doesn't matter /when he was born/.
   /いつ彼が生まれたのか/は問題ではない。

10. Mayuko believes /whatever Sota says/.
    マユコは/ソウタが言うことは何でも/信じてしまう。

20

解 説

1. 疑問詞 [when]
   ⌇when＋主語＋述語 [いつ…が～か]⌇という名詞節が主文の目的語になっている構文です。本文の意味を「⌇いつ…が～かということ⌇を知りたい」と捉えると、この疑問詞節が名詞的な働きをしていることがわかります。

2. 疑問詞 [where]
   ⌇where＋主語＋述語 [どこで…が～か]⌇という名詞節が主文の目的語になっている構文です。

3. 疑問詞 [who]
   ⌇who＋述語 [誰が～か]⌇という名詞節が主文の目的語になっている構文です。⌇whom you like [誰をあなたが好きか]⌇のように⌇whom＋主語＋述語⌇という形もあります。whomの代わりにwhoを使うこともできます。

4. 疑問詞 [what]
   ⌇what＋主語＋述語 […が～なのは何か]⌇という名詞節が主文の目的語になっている構文です。⌇what food you like [何の料理があなたは好きか]⌇のように⌇what＋名詞＋主語＋述語⌇という形もあります。

5. 疑問詞 [why]
   ⌇why＋主語＋述語 [なぜ…が～か]⌇という名詞節が主文の目的語になっている構文です。

6. 疑問詞 [how]
   ⌇how＋主語＋述語 [どのように…が～か]⌇という名詞節が主文の補語になっている構文です。⌇how long it is [それがどれぐらい長いか]⌇のように⌇how＋形容詞＋主語＋述語⌇という形もあります。

7. 疑問詞 [which]
   ⌇which＋名詞＋主語＋述語 [どちらの名詞を…が～か]⌇という名詞節が主文の目的語になっている構文です。⌇which you like [どちらをあなたが好きか]⌇のように⌇which＋主語＋述語⌇という形もあります。

8. 接続詞 [if・whether]
   ⌇if＋主語＋述語 […が～かどうか]⌇という名詞節が主文の目的語になっている構文です。ifの代わりにwhetherを使うこともできます。whetherの後にor notが続き、⌇whether or not＋主語＋述語⌇や⌇whether＋主語＋述語＋or not⌇となることもあり、⌇…が～か否か⌇という意味になります。

9. 形式主語 [疑問詞節]
   it＝⌇疑問詞が導く名詞節⌇で、疑問詞節が主語になっている構文です。itを「それ」と訳さないよう注意しましょう。暗唱用例文ではwhenが使われていますが、when以外の疑問詞や接続詞のifやwhetherも形式主語の構文で使われます。

10. 複合関係詞 [whoever・whatever・whichever]
    ⌇whatever＋主語＋述語⌇は⌇…が～することは何でも⌇という意味になります。⌇whatever＋述語 […するものは何でも]⌇という形や⌇whatever＋名詞＋主語＋述語 […が～するどんな名詞でも]⌇という形もあります。同様にwhoeverは⌇誰でも⌇、whicheverは⌇どちらでも⌇という意味になります。

1. 次の英文の名詞節を暗唱用例文に倣って⁄   ⁄ [丸スラッシュ] でくくり、波線を引き、日本語にしなさい。

(1) Azusa asked me which restaurant she should book.

(2) We cannot figure out who is to blame for the rumor.

(3) We should discuss why the rock band became so popular in Japan.

(4) Whether or not I should quit my part-time job is a difficult decision.

(5) Whoever uses the kitchen must clean up.

2. 次の英文の名詞節を暗唱用例文に倣って⁄   ⁄ [丸スラッシュ] でくくり、波線を引き、全文を日本語にしなさい。尚、これらの文章には名詞句も含まれているので、同様に（   ）[丸かっこ] でくくりなさい。

12 (1) It doesn't matter who you are; we all need a break. Here are some suggestions for a successful holiday. First, decide what your budget is and when you can take time off. The cost of air tickets and accommodation varies throughout the year. Next, you should determine where you would like to go and whom you want to go with. Visiting new places with a friend can be safer and more enjoyable than traveling alone. So, what are you waiting for? Where are you planning to go for your next vacation?

13 (2) In early April in Japan, all college students need to think about which elective courses they should take in the spring semester. So they have to find out what there is on offer and when they are available. Next, students need to consider what knowledge they can gain from each course. They should also find out who will be their instructors and what textbooks they will need to purchase. Please contact the student affairs department with whatever questions you may have.

3. 次の [　　] 内の語 (句) を並べ替えて、日本文の意味に合う英文を作りなさい。ただし、文頭の語も小文字にしてあります。

(1) 私はどこにその答えがあるのかを推測できない。

[the answer / cannot / guess / I / lies / where].

(2) 私はいつケンジと初めて会ったのかを忘れてしまった。

I [the first / for / forgot / I / Kenji / met / when] time.

(3) なぜその旅行がキャンセルされたのかは明確ではない。

[clear / it / not / the / was / trip / is / why] canceled.

(4) 長嶋氏はその文章が何を意味しているのかを理解できなかった。

Mr. Nagashima [not / meant / the passage / understand / what / could].

(5) ここから駅までどのくらい長くかかるかを教えてください。

Please let me [from / will / here / how / it / know / long / take] to the station.

4. 次の質問に対して、自分のことに照らし合わせて答えてみましょう。それぞれ、学習した構文を使ってください。

(1) Describe something you can't stop doing.
Example: I don't know why I can't stop eating sweets.
I don't know _____.

(2) What do you want to know about your friend's preference?
Example: I want to know whether she likes seafood or not.
I want to know _____?

(3) What type of person can be successful in life?
Example: Whoever tries hard can be successful in life.
_____ can be successful in life.

名詞句・名詞節について

　Unit 1〜4 では、名詞句と名詞節について学習しました。日本語でも「(映画を観ること)は楽しい」「趣味は(映画を観ること)です」「(映画を観ること)をお勧めします」といったように名詞句は頻繁に使われますし、名詞節も同様です。Unit 1〜4 で学んだポイントをまとめると以下の通りになります。

内容がはっきりしている場合
　・名詞句：不定詞や動名詞で表現

　　(映画を観ること)→ (to watch movies), (watching movies)

　・名詞節：that 節で表現

　　/彼女が映画を観るということ/ → /that she watches movies/

内容がはっきりしない場合
　・名詞句：[whether＋to〜] で表現

　　(映画を観るべきかどうか) → (whether to watch movies or not)

　・名詞節：if か whether で表現

　　/彼女が映画を観るべきかどうか/

　　　→ /if [whether] she should watch movies or not/

内容がわからない場合
　・名詞句：[疑問詞＋to〜] で表現

　　(いつ・どこで・どのように映画を観るべきか)

　　　→ (when・where・how to watch movies)

　・名詞節：疑問詞節や複合関係詞で表現

　　/いつ・どこで・なぜ・どのように彼女が映画を観るのか/

　　　→/when・where・why・how she watches movies/

　　/彼女が見る映画は何でも/ → /whatever movies she watches/

　名詞は人や抽象的概念も含めた事物の名称を表わす語であり、英語の5文型 [SV, SVC, SVO, SVOO, SVOC] の主語[S]や補語[C]や目的語[O]になる品詞です。名詞句や名詞節も名詞の働きをするまとまりなので、その英文から取り除くことのできない重要な要素になっていることを意識しましょう。

Part 2

形容詞句・形容詞節

　Unit 5 では、形容詞の働きをする語句のまとまりである形容詞句を学習します。本書で扱う形容詞句を作る文法は、不定詞［形容詞的用法］、分詞［現在分詞・過去分詞］、形容詞の後置修飾、前置詞句の 4 つです。

　Unit 6〜7 では、形容詞の働きをする文のまとまりである形容詞節を学習します。本書で扱う形容詞節を作る文法は、主に関係代名詞［制限用法・非制限用法］、関係副詞［制限用法・非制限用法］、強調構文の 3 つです。

　この 7 つの文法項目を学習すれば、英語の形容詞句・形容詞節はほぼ網羅できます。形容詞句・形容詞節、共に名詞にくっついてその名詞を説明する働きをします。そのことを強く意識して学習して欲しいと思います。

　関係副詞は、副詞という言葉がついているのになぜ形容詞節なのかと疑問を持つ学習者もいるかと思います。関係副詞のまとまりが前に来る名詞を説明する働きをしているため、その意味的な側面から形容詞節となります。

UNIT 5 形容詞の働きをする語句のまとまり 〔形容詞句〕

本課では、〔不定詞〕、〔分詞〕、〔後置の形容詞〕、〔前置詞句〕を学習します。形容詞句は名詞を説明する語句のまとまりだということをしっかり意識して学習しましょう。本書では可視化のため、形容詞句を〔　〕[槍かっこ]でくくり、説明する名詞や名詞のまとまりに波線を引きます。形容詞句と説明する名詞をまとめて名詞句とする考え方もありますが、本書では文の主要素をより明確にするため形容詞句でくくります。

暗唱用 例文

1. Kenta needs someone 〔to help him with his homework〕.
   ケンタは〔自分の宿題の手助けをしてくれる〕誰かを必要としている。

2. This town has a lot of famous sights 〔to see〕.
   この町は〔見るべき〕多くの名所を持っている[がある]。

3. Tomorrow is the deadline 〔to submit my report〕.
   明日が〔レポートを提出する〕締切だ。

4. I want a good friend 〔to travel with〕.
   私は〔一緒に旅行に行く〕親友が欲しい。

5. He would never break his promise 〔not to be late for class〕.
   彼なら〔授業に遅刻しないという〕約束を決して破ることはないだろう。

6. Everybody should have a goal 〔to be achieved〕.
   誰もが〔達成されるべき〕ゴールを持つべきだ。

7. The lady 〔wearing a long dress〕 is stunning.
   〔長いドレスを着ている〕その女性はとても魅力的だ。

8. The songs 〔sung by the rock band〕 are fantastic.
   〔そのロックバンドによって歌われる〕歌は素晴らしい。

9. This is the cafe 〔famous for its original coffee〕.
   こちらが〔オリジナル珈琲で有名な〕カフェだ。

10. The bag 〔by the door〕 is mine.
    〔ドアのそばの〕バッグは私のものだ。

解 説

1. **不定詞 [主語関係]**
   不定詞〖to ＋動詞の原形〗がその前にある名詞を説明する構文です。この例文では、説明する名詞が不定詞 [形容詞句] の中で意味上の主語になっており、〖～してくれる、～する〗名詞、という意味になります。

2. **不定詞 [目的語関係]**
   説明する名詞が不定詞 [形容詞句] の中で意味上の目的語になっており、〖～するための、～すべき〗名詞、という意味になります。

3. **不定詞 [その他]**
   説明する名詞が不定詞 [形容詞句] の中で意味上の主語でも目的語でもないケースですが、同様に、〖～する、～すべき、～するという〗名詞、といったように前にある名詞を説明します。

4. **不定詞 [＋前置詞]**
   不定詞の中の動詞と説明する名詞をつなげたときに前置詞が必要な場合は、その前置詞を不定詞 [形容詞句] の中に残しておきます。

5. **不定詞の否定形**
   不定詞の内容を否定にしたい場合、to の前に not をつけるという簡単なルールを覚えておきましょう。

6. **不定詞の受け身形**
   不定詞の内容を受け身にしたい場合、to の後に [be ＋過去分詞] を続けるという簡単なルールを覚えておきましょう。

7. **現在分詞**
   名詞の後に続く現在分詞〖動詞の ing 形〗が「〖～している〗名詞」という形容詞句になっている構文です。

8. **過去分詞**
   名詞の後に続く過去分詞〖動詞の過去分詞形〗が「〖～される〗名詞」という形容詞句になっている構文です。

9. **名詞の後に続く形容詞**
   形容詞は名詞の前に来ることが多いのですが、語句のまとまりとなった時は名詞の後に続きます。

10. **前置詞句**
    〖前置詞＋名詞〗のまとまり [前置詞句] がその前の名詞を説明している場合、これを形容詞句として扱います。前置詞句は短くてすぐわかる場合や大きな句・節内に含まれる場合、いちいち〖 〗でくくらず、大きな枠組みで捉えるようにしましょう。

1. 次の英文の形容詞句を暗唱用例文に倣って⸢　⸥[槍かっこ]でくくり、波線を引き、日本語にしなさい。

(1) A ship carrying medical supplies is heading for the devastated region.

(2) Do you know the best way not to forget newly studied vocabulary?

(3) Miku was the first person to put her hand up.

(4) The man in the dark suit works for an international trading company.

(5) I have many things to worry about.

2. 次の文章の形容詞句を暗唱用例文に倣って⸢　⸥[槍かっこ] でくくり、波線を引き、全文を日本語にしなさい。尚、これらの文章には名詞句、名詞節も含まれているので、同様に（　）[丸かっこ] と⸨　⸩[丸スラッシュ] でくくり、波線を引きなさい。名詞節と形容詞句・名詞句が二重になっている箇所もあります。

(15) (1) Do you have any neglected books hiding in the bookcase? Do you have any unwanted CDs or DVDs sitting on your shelves? Is your wardrobe full of clothes left unused and forgotten? Recently, the concept of a minimalist lifestyle has grown in popularity. Minimalists tell us that the best way to live is to simplify our lives. One of the best ways to attain such a lifestyle is to throw away unnecessary personal possessions. This will create space suitable for other things, and make us feel happier.

(16) (2) Japanese parents put a lot of pressure on their children to study hard and get good grades. Attending a cram school is one of the most common ways for Japanese students to prepare for entrance exams. These private schools provide additional instruction related to all school subjects. A typical cram school offers group and man-to-man style lessons. They also provide areas for students to study quietly. These competitively priced schools give students the necessary support to prepare for challenging entrance exams.

3. 次の [   ] 内の語 (句) を並べ替えて、日本文の意味に合う英文を作りなさい。ただし、文頭の語も小文字にしてあります。

(1) 彼は真剣に受け取られるような重要な意見を述べた。

He [be / an important / stated / to / taken / opinion] seriously.

(2) 私は昼食に食べるべきものを考えなくてはならない。

I have to [eat / to / lunch / of / something / think / for].

(3) 私たちがコーヒー休憩をとるための十分な時間はありますか？

Is there enough [a coffee / take / break / to / for / time / us]?

(4) こちらが美味しいスパゲティで知られているイタリアンレストランです。

This is [delicious / an Italian / for / its / known / restaurant / spaghetti].

(5) 会議に出席したその株主たちはその提案に反対した。

[present / the proposal / the conference / the shareholders / rejected / at].

4. 次の質問に対して、自分のことに照らし合わせて答えてみましょう。それぞれ、学習した構文を使ってください。

(1) What kind of friend do you want?
Example: I want a friend to go shopping with?
I want a friend _____.

(2) What kind of person do you think is cool?
Example: I think a man wearing jeans is cool.
I think a man _____ is cool.

(3) Whose songs or novels do you like?
Example: I like songs sung by the Peckers.
　　　　　　I like novels written by Murakami Haruki.
I like songs [novels] _____.

UNIT 6

形容詞の働きをする文のまとまり ↓形容詞節↑ その1

本課では、↓関係代名詞↑を学習します。形容詞節も形容詞句と同様、名詞を説明するまとまりだということをしっかり意識して学習しましょう。本書では可視化のため、形容詞節を↓ ↑ [槍スラッシュ] でくくり、説明する名詞や名詞のまとまりや文に波線を引きます。

  暗唱用 例文

1. I have a friend ↓who lives in Kyoto↑.
   私は↓京都に住んでいる↑友だちを持っている。

2. The comedian ↓I like most↑ is Pon Style.
   ↓私が最も気に入っている↑芸人はポンスタイルだ。

3. I saw a girl ↓whose glasses were huge↑.
   私は↓[その人の] メガネがとても大きい↑少女を見た。

4. I like TV programs ↓which make me laugh↑.
   私は↓自分を笑わせてくれる↑テレビ番組が好きだ。

5. The book ↓I borrowed from him↑ was fascinating.
   ↓私が彼から借りた↑本はとてもおもしろかった。

6. Look at the trees ↓whose leaves have turned yellow↑.
   ↓[その] 葉が黄色になってきた↑木々を見てください。

7. Ponta is the boy ↓with whom I often study at the library↑.
   ポンタは↓私がよく図書館で一緒に勉強する↑少年だ。

8. The most wonderful person ↓that I've ever met↑ was Taku.
   ↓私が今までに会ったことのある↑最も素晴らしい人はタクだ。

9. I saw a little girl in Shibuya, ↓who was playing the drums↑.
   私は渋谷で女の子を見たが、↓その子はドラムをたたいていた↑。

10. He suddenly quit the job, ↓which surprised me↑.
    彼は突然退職し、↓それは私を驚かせた↑。

30

解 説

1. **関係代名詞 [人・主格]**
   説明する名詞が人で、その名詞が↓形容詞節↑の中で主語になっている場合、関係代名詞はwhoを使います。who以外にthatを使うこともできます。

2. **関係代名詞 [人・目的格]**
   説明する名詞が人で、その名詞が↓形容詞節↑の中で目的語になっている場合、関係代名詞はwhomやwhoやthatを使います。これらは省略も可能で、例文は省略形です。

3. **関係代名詞 [人・所有格]**
   説明する名詞が人で、その名詞が↓形容詞節↑の中で「その人の〜」と所有する主体になっている場合、関係代名詞はwhoseを使います。

4. **関係代名詞 [物・主格]**
   説明する名詞が物で、その名詞が↓形容詞節↑の中で主語になっている場合、関係代名詞はwhichを使います。which以外にthatを使うこともできます。

5. **関係代名詞 [物・目的格]**
   説明する名詞が物で、その名詞が↓形容詞節↑の中で目的語になっている場合、関係代名詞はwhichやthatを使います。これらは省略することも可能で、例文は省略形です。

6. **関係代名詞 [物・所有格]**
   説明する名詞が物で、その名詞が↓形容詞節↑の中で「その〜」と所有する主体になっている場合、関係代名詞はwhoseを使います。

7. **前置詞＋関係代名詞**
   説明する名詞が↓形容詞節↑の中で前置詞がないと文が完結しない場合、その前置詞を関係代名詞の前に置きます。また次の例文のように前置詞を形容詞節の中の後ろに置くこともできます。前置詞を後ろに置く場合は、関係代名詞は省略可能で、次の例文は省略形です。
   Ponta is the boy↓I often study with at the library↑.

8. **説明する名詞が最上級**
   説明する名詞が人でも物でも、その名詞に最上級が使われている場合、関係代名詞はthatを使う傾向があります。thatは省略することも可能です。

9. **非制限用法**
   関係代名詞と説明する名詞がコンマ[,]で区切られている場合、↓形容詞節↑はその名詞の追加的説明を加える用法となります。who, which, whoseのみ使用可能で、thatは使用できません。関係代名詞の省略もできません。

10. **非制限用法 [文全体の説明]**
    9.と同じですが、説明する対象が名詞ではなく、文全体のケースです。この用法では、whichのみが使われます。

1. 次の英文の形容詞節を暗唱用例文に倣って ↓   ↑ [槍スラッシュ] でくくり、波線を引き、日本語にしなさい。

(1) I know a person whose way of thinking is totally different.

(2) Nao got engaged to her classmate, which surprised everyone.

(3) The artist I admire most is Katsushika Hokusai.

(4) The meal Karin cooked for me was very delicious.

(5) The singers I'm attracted to are not well known among young people.

2. 次の文章の形容詞節を暗唱用例文に倣って ↓   ↑ [槍スラッシュ] でくくり、波線を引き、全文を日本語にしなさい。尚、これらの文章には名詞句も含まれているので、同様に ( ) [丸かっこ] でくくり、波線を引きなさい。形容詞節と名詞句が二重になっている箇所もあります。

(18) (1) Until the 19th century, people who wanted to listen to music had to attend public performances. Emile Berliner, who invented the gramophone in 1887, brought music into the home. Just nine years later, Guglielmo Marconi made the first successful radio transmission, which led to the development of broadcast radio. Motorola produced the first car radio in 1930 that allowed people to listen to music on the move. Today, people stream music on their smartphones, which makes music more accessible than ever before.

(19) (2) Japanese family restaurants, convenience stores, and supermarkets are three places which provide students with secure part-time jobs. Students who work part-time can gain useful work experience. This experience can help them decide the type of work which they would like to do in the future. At the same time, they can earn money, which makes it possible for them to buy clothes and hang out with friends. All the students who work at the family restaurant near my house are very friendly.

3. 次の[ ]内の語(句)を並べ替えて、日本文の意味に合う英文を作りなさい。ただし、文頭の語も小文字にしてあります。

(1) 私はその題名がユニークである映画を観た。

[whose / a movie / I / was / title / unique / watched].

(2) キリコは当時流行っていただぶだぶのジーンズを着ていた。

Kiriko [baggy / which / fashion / were / in / wearing / jeans / was] at the time.

(3)　その男性は、私が会うことを希望していたのだが、出張でいなかった。

[hoping / I / whom / meet, / the man, / to / was] was away on a business trip.

(4) この歌を書いた女性は私のおばである。

The [aunt / wrote / is / my / woman / song / this / who].

(5) これは私がかつて食べたことのある最も美味しいアイスクリームだ。

This is [delicious / I've / eaten / the / ever / ice cream / most / that].

4. 次の質問に対して、自分のことに照らし合わせて答えなさい。それぞれ、学習した構文を使ってください。

(1) Describe your friend, using "who" or "whose."
Example: I have a friend who is good at singing.
　　　　　I have a friend whose hair is long.
I have a friend who [whose] _____.

(2) What was the best thing that ever happened to you?
Example: Studying in Canada was the best thing that ever happened to me.
_____ was the best thing that ever happened to me.

(3) Have you ever seen a famous person somewhere? What were they doing?
Example: Mokoharu, whom I saw in Niigata, was eating sushi.
_____, whom I saw _____, _____.

33

UNIT 7 形容詞の働きをする文のまとまり ↓形容詞節↑ その2

本課では、↓関係副詞↑、↓強調構文↑、↓関係代名詞の特殊用法↑を学習します。これらの形容詞節も、常にその前に出てくる名詞を説明するまとまりだということを意識して学習しましょう。本書では可視化のため、形容詞節を ↓ ↑ [槍スラッシュ] でくくり、説明する名詞や名詞のまとまり、注意を要する強調構文のitに波線を引きます。

  暗唱用例文

1. I clearly remember the day ↓when I met you for the first time↑.
   私は↓あなたに初めて会った↑その日をはっきり覚えている。

2. I want to live in a place ↓where there are many parks↑.
   私は↓たくさんの公園がある↑場所に住みたい。

3. I don't know the reason ↓why he always looks happy↑.
   ↓なぜ彼がいつも幸せそうに見えるのかの↑理由が私はわからない。

4. I want to know ways ↓I can attract people↑.
   私は↓人々を惹きつけることができる↑方法を知りたい。

5. I can't forget the year 2018, ↓when I studied in Canada↑.
   私は2018年を忘れることができず、↓その年に私はカナダに留学したのだ↑。

6. I went to Hakone, ↓where I soaked myself in a hot spring↑.
   私は箱根に行き、↓そこで私は温泉に浸かった↑。

7. It is in 2019 ↓that I graduated from high school↑.
   ↓私が高校を卒業した↑のは2019年だ。

8. It is your boyfriend ↓who gave me this necklace↑.
   ↓私にこのネックレスをくれた↑のはあなたの彼氏だ。

9. Hiro is the person ↓who I think is perfect for the job↑.
   ヒロは↓その仕事にぴったりであると自分が思う↑人だ。

10. I have three good friends, ↓all of whom are very honest↑.
    私は3人の親友を持ち、↓その人たちの全員がとても正直である↑。

解 説

1. **関係副詞 [when]**
   説明する名詞が時を表わす語で、その語が√形容詞節↗の中で[on the day]のように前置詞がないと文が完結しない場合、関係副詞のwhenを使います。

2. **関係副詞 [where]**
   説明する名詞が場所を表わす語で、その語が√形容詞節↗の中で[in a place]のように前置詞がないと文が完結しない場合、関係副詞のwhereを使います。

3. **関係副詞 [why]**
   reason(s)という名詞を説明するときに関係副詞のwhyを使います。reason(s)は省略されることもあります。その場合、名詞節として扱うことも可能です[p.20の暗唱用例文5を参照]。

4. **関係副詞 [howの省略形]**
   way(s)という名詞を説明する場合の関係副詞howが省略された形です。省略形が一般的です。way(s)を省略してhowのみを使うこともできます。その場合、名詞節として扱うことも可能です[p.20の暗唱用例文6を参照]。

5. **関係副詞 [whenの非制限用法]**
   関係代名詞と同様、説明する名詞がコンマ[,]で区切られている場合、√形容詞節↗は、√その時に〜↗というように追加的説明を加える用法となります。

6. **関係副詞 [whereの非制限用法]**
   whenと同様に、whereも説明する名詞とコンマ[,]で区切られている場合、√形容詞節↗は、√そこで〜↗というように追加的説明を加える用法となります。

7. **強調構文 [that]**
   文のある箇所を強調したいとき、[It is 強調箇所 that 〜.]という構文を使います。本書では形容詞節がitを説明すると考えます。p.16の暗唱用例文4の名詞節の形式主語と異なる点は、強調箇所を形容詞節の中に戻しても、I graduated from high school in 2019. のように文として普通に成り立つということです。

8. **強調構文 [who, which]**
   強調する箇所が「人」の場合にwhoを、「もの」の場合にwhichを用いることもあります。

9. **関係代名詞 [挿入]**
   関係代名詞の形容詞節の中にI think[〜と思う]といったような語句が挿入されることがあります。I thinkはあくまでも挿入語句なので関係代名詞whoはis perfect for the jobに続くと理解してください。

10. **関係代名詞 [… of whom・which 〜]**
    非制限用法で用いられる√… of whom [which] 〜↗は、√その人たち[それら]の…が[を]〜↗という意味になります。

1. 次の英文の形容詞節を暗唱用例文に倣って↙ ↗[槍スラッシュ]でくくり、波線を引き、日本語にしなさい。

(1) Downtown, where many small shops are located, is always crowded.

(2) It is the simple design which makes this smartphone popular with young people.

(3) Please tell me ways I can improve my writing skills.

(4) The coffee shop where I often meet my friends stays open until midnight.

(5) There are two remote controllers, neither of which work.

2. 次の文章の形容詞節を暗唱用例文に倣って↙ ↗[槍スラッシュ]でくくり、波線を引き、全文を日本語にしなさい。尚、これらの文章には名詞句、形容詞句も含まれているので、同様に（　）[丸かっこ]と↙ ↗[槍かっこ]でくくり、波線を引きなさい。形容詞節と形容詞句が二重になっている箇所もあります。

(21) (1) Not a day goes by when I do not use my local convenience store. A convenience store is a place where you can buy all manner of products. They are open 24 hours, which makes them indispensable for people living in cities. These stores not only sell a wide range of goods but also provide services where customers can make photocopies, send faxes, and pay bills. The reason why I go to my local convenience store is to buy snacks, drinks, magazines, and many other daily items.

(22) (2) *Undokai* is an important school event where students get the chance to test their skills and compete for first prize. These sporting festivals are particularly popular in elementary schools, where families and other members of the community come out and cheer the students. There are many kinds of events, where students learn the value of fair play. Some schools also organize non-competitive events, which include folk and traditional Japanese dancing. The main event is the relay race, where teams made up of students from all grades compete for the fastest time.

3. 次の [   ] 内の語(句)を並べ替えて、日本文の意味に合う英文を作りなさい。ただし、文頭の語も小文字にしてあります。

(1) トモカは将来大成功するだろうと私たちが思う有望な学生だ。
Tomoka is a promising [be / student / successful / think / very / we / who / will] in the future.

(2) 私は2018年にカナダで勉強し、その時私は20歳だった。
I [was / in 2018, / in Canada / studied / twenty / I / when / years] old.

(3) 彼らがようやく結婚したのは2年後だった。
It [two / finally / later / that / they / was / years] got married.

(4) その本が書かれた年は1850年だった。
[1850 / the book / the year / was / was / when / written].

(5) そのプロジェクトが拒否された多くの理由がある。
There [reasons / rejected / are / many / the project / was / why].

4. 次の質問に対して、自分のことに照らし合わせて答えなさい。それぞれ、学習した構文を使ってください。

(1) Talk about one of your best memories.
Example: I remember the time when I first ate eel.
I remember the time _____.

(2) What kind of town do you want to live in the future?
Example: I want to live in a town where I can find many restaurants.
I want to live in a town _____.

(3) Talk about somewhere you visited and what you did there.
Example: I went to Kyoto, where I ate Japanese noodles.
I went to _____, _____.

形容詞句・形容詞節について

　　Unit 5〜7では、形容詞句と形容詞節について学習しました。どちらも名詞にくっついて、その名詞を説明するという役割を持っていることを常に意識しましょう。日本語でも「√あそこでギターを弾いている↗人は誰？」とか「√昨日食べた↗おでんは美味しかった」といったように形容詞句・節は日常生活で頻繁に使われています。形容詞句・節を作る英文法としては、不定詞、分詞（現在・過去）、前置詞句、関係代名詞、関係副詞でほぼ網羅できるので、本書で学習した暗唱用例文を覚え、使えるようにしてみてください。

　　ここでは関係代名詞と関係副詞の違いについて考えたいと思います。次の例文を見てください。

　1.　Okinawa is the place √where I want to go with him↗.
　　　沖縄は√私が彼と一緒に行きたい↗場所だ。

　2.　Okinawa is the place √which I want to visit with him↗.
　　　沖縄は√私が彼と一緒に訪れたい↗場所だ。

　　説明する名詞がthe placeなので関係副詞のwhereを使いたいところですが、例文2ではwhichが使われています。例文の1と2では形容詞節の動詞が異なるだけです。しかし、ここが重要なところです。説明対象のthe placeを形容詞節に戻してみてください。例文1は、I want to go to the place with him. となり、例文2は、I want to visit the place with him. となります。違いは、例文1では前置詞のtoが必要となっていることです。このように説明する名詞を形容詞節に戻したときに前置詞が必要な場合は関係副詞、必要でない場合は関係代名詞を使うと理解してください。本書の例文や問題文の全てであてはまるので、再度確認してみてください。

　　では、toを残しておけば新たな前置詞が必要ないので関係代名詞が使えるのでは、と素朴な疑問を持つ人もいるかもしれませんが、まさにその通りです。

　3.　Okinawa is the place √which I want to go to with him↗.
　4.　Okinawa is the place √to which I want to go with him↗.

　　3.はtoをそのまま残したもので、関係代名詞が使われています。この場合、whichは省略することができます。4.はtoをwhichの前に移動した形です。この場合、whichは省略できません。日常会話では、whichとwhereを間違えて使っても問題なくコミュニケーションをとることはできますが、例えば留学してレポートを書くときには正確さが求められるので、この違いを知っておいて損はないでしょう。

Part 3

副詞句・副詞節

　　Unit 8〜9では、副詞の働きをする語句のまとまりである副詞句を学習します。本書で扱う副詞句を作る文法は、不定詞［副詞的用法］、付帯状況、前置詞句、分詞構文の4つです。

　　Unit 10〜12では、副詞の働きをする文のまとまりである副詞節を学習します。本書で扱う副詞節を作る文法は、主に接続詞［接続詞相当語句］、複合関係詞、仮定法の3つです。

　　この7つの文法項目を学習すれば、英語の副詞句・副詞節はほぼ網羅できます。ちなみに本書では、接続詞を「ために［目的］」「とき［時］」「ので［理由］」「たら［条件］」「だが［譲歩］」「ように［様態］」「ほど［程度］」の7つに分け、その順番で説明していきます。またUnit 11で扱う複合関係詞、接続詞、接続詞相当語句は「だが［譲歩］」に含まれる項目であり、Unit 12で扱う仮定法は「たら［条件］」に含まれる項目です。

　　副詞節を導く接続詞や接続詞相当語句はたくさんありますが、限られた数でもあるので主なものは本書でしっかりと身につけてください。

UNIT 8
副詞の働きをする語句のまとまり（副詞句）　その1

本課では、(不定詞)、(付帯状況)、(前置詞句)を学習します。これらの副詞句は、主に動詞や文全体を修飾する語句のまとまりだということをしっかり意識して学習しましょう。本書では可視化のため、副詞句を(　　)[丸かっこ]でくくります。

  暗唱用 例文

1. I am studying English (to be a professional tour guide).
   私は (プロのツアーガイドになるために) 英語を勉強している。

2. I'm delighted (to receive a message from you).
   私は (あなたからメッセージを受け取って) 嬉しい。

3. His lecture is difficult for me (to understand).
   彼の講義は (理解するには) 私にとっては難しい。

4. I worked very hard, (only to receive a small amount of pay).
   私はとても一生懸命働いたが、(その結果少額の賃金を受け取っただけだった)。

5. I left home early, (not to miss the tour bus).
   私は (そのツアーバスに乗り遅れないように) 家を早く出た。

6. I'm sorry (to have called you early this morning).
   私は (今朝早くあなたに電話してしまって) 申し訳なく思う。

7. She ran away (with tears in her eyes).
   彼女は (涙を目に浮かべて) 逃げ去った。

8. My teacher stared at me (with his arms folded).
   私の先生は (腕を組んで [腕が組まれた状態で]) 私を見つめた。

9. I will be studying (in the library)(in the afternoon).
   私は (午後は)(図書館で) 勉強しているだろう。

10. I usually drink water (after exercising at a gym).
    私は (ジムで運動したあと) たいてい水を飲む。

解説

1. **不定詞［目的］**

   不定詞の副詞的用法で、（〜なる［する］ために）という目的の意味を表現したいときに使います。「勉強する」という動詞につながっているので副詞的な働きをする語句のまとまり（副詞句）になります。

2. **不定詞［原因］**

   不定詞の副詞的用法で、（〜して）という感情の原因を表現したいときに使います。

3. **不定詞［根拠］**

   不定詞の副詞的用法で、（〜するには・〜するのに・〜するとは・〜するほど）という判断の根拠を表現したいときに使います。

4. **不定詞［結果］**

   不定詞の副詞的用法で、（…した結果〜・…すると〜・…して〜）というように結果を表現したいときに使います。

5. **不定詞［否定形］**

   名詞句や形容詞句の場合と同様に、副詞句でも不定詞の内容を否定にしたい場合、to の前に not をつけます。目的を表わす副詞句では、（so as not to 〜）や（in order not to 〜）という表現がよく使われれます。

6. **不定詞［完了形］**

   不定詞の内容が主文の動詞より前の出来事の場合、(to have ＋過去分詞) のように完了形を使います。（〜してしまって・〜したとは）という意味になります。

7. **付帯状況［with ＋名詞＋前置詞句］**

   (with ＋名詞＋前置詞句) というまとまりで、（名詞を〜して・名詞を〜しながら）という意味になります。

8. **付帯状況［with ＋名詞＋過去分詞］**

   (with ＋名詞＋過去分詞) というまとまりで、（名詞が〜された状態で）という意味になりますが、日本語として不自然なので一般的には（名詞を〜して・名詞を〜しながら）と訳します。

9. **前置詞句［前置詞＋名詞］**

   (前置詞＋名詞) のまとまり［前置詞句］が動詞や文全体を修飾する場合、これを副詞句として扱います。前置詞句は短くてすぐわかる場合や大きな句・節内に含まれる場合、いちいち（　　）でくくらず、大きな枠組みで捉えるようにしましょう。［前置詞＋名詞］の慣用表現は数多くあり、その例は p.74 の 8.1 にまとめてあります。また最上級を使用する文では前置詞句がよく使われるので、代表的な例文は p.74 の 8.2 にまとめてあります。

10. **前置詞句［前置詞＋動名詞句］**

    前置詞のあとに動名詞句が続いている場合、前置詞＋(名詞句) として扱うこともできますが、(前置詞＋動名詞句) のように副詞句としてまとめると文全体の意味が捉えやすくなります。

1. 次の英文の副詞句を暗唱用例文に倣って（　　）[只かっこ]でくくり、日本語にしなさい。

(1) How lucky she is to have found the lost key!

(2) I am working part-time to pay my student fees.

(3) I awoke to find myself on a bench in the park.

(4) Look at the blackboard with your book closed.

(5) The strong typhoon prevented the plane from departing.

2. 次の文章の副詞句を唱用例文に倣って（　　）[只かっこ]でくくり、全文を日本語にしなさい。尚、これらの文章には形容詞節も含まれているので、同様に ↓　↑ [槍スラッシュ]でくくり、波線を引きなさい。

24 (1) I love bubble tea. In the hot summer months, I drink bubble tea to refresh myself. I have to be careful not to drink too much of it. Last year, I visited Taiwan with a high-school friend. We visited the famous tearoom, where bubble tea had been invented. We walked from the station, only to find a long line of people. We joined the line and patiently waited to drink their world-famous bubble tea. Finally, without looking at the menu, we ordered at the counter. I will never forget the delicious taste.

25 (2) In Japan, young children go to school with *randoseru* on their backs. The word *randoseru* is adapted from the Dutch "ransel". These iconic bags are made from hard-wearing leather and last for many years. In the past, boys carried black *randoseru*, and girls red. However, in recent years, these iconic bags have become available in a wider variety of colors. Children are delighted to receive a *randoseru* as a gift. They use them every day to carry all their textbooks and supplies to and from school.

3. 次の[　]内の語(句)を並べ替えて、日本文の意味に合う英文を作りなさい。ただし、文頭の語も小文字にしてあります。

(1) アミは自分の携帯電話を見つけてほっとした。

[to / Ami / cell phone / find / relieved / her / was].

(2) パスポートを忘れないように注意しなさい。

[to / passport / be / not / forget / careful / your].

(3) 私は激痛を頭に感じて何もすることができなかった。

I couldn't [my / do / an acute / head / in / with / pain / anything].

(4) 来週の終わりまでにはその調査を終えてください。

[by / the survey / week / please / of / finish / the end / next].

(5) 1週間はそのテストの準備をするには短すぎる。

[too / for / is / prepare / short / one week / the test / to].

4. 次の質問に対して、自分のことに照らし合わせて答えなさい。それぞれ、学習した構文を使ってください。

(1) What are you doing to make your dream come true?
Example: I'm studying English hard to be an English teacher.
I'm _____.

(2) Talk about something you regret having done.
Example: I was sorry to have called my friend late at night.
I was sorry to _____.

(3) Where and what will you be doing this time tomorrow?
Example: I will be eating lunch in the university cafeteria.
I will _____.

UNIT 9 副詞の働きをする語句のまとまり（副詞句） その2

本課では、（分詞構文）を学習します。分詞構文も動詞や文全体を修飾するまとまり（副詞句）であり、可視化のため（　）［只かっこ］でくくります。分詞構文は付帯状況、時、原因・理由、条件、譲歩など様々な意味を表わすので「ながら・とき・ので・たら・だが・そして」とまとめて覚えると良いでしょう。

  暗唱用例文

1. I usually clean my room (listening to the radio).
   私はいつも（ラジオを聴きながら）自分の部屋を掃除する。

2. (Walking in the park,) I saw a curious bird.
   （公園を歩いているとき）私は珍しい鳥を見た。

3. (Feeling very tired,) I went to bed early.
   （とても疲れを感じたので）私は早く寝た。

4. (Turning to the right,) you will see our school on your left.
   （右に曲がったら）あなたは左側に私たちの学校を見るでしょう。

5. (Failing all her tests,) Eri was not concerned at all.
   （全てのテストに落ちたが）エリは全く気にしていなかった。

6. I leave home at 6:30 a.m., (arriving at school at 8:00 a.m.)
   私は午前6時半に家を出て、（午前8時に学校に着く）。

7. (Seen from a distance,) even the tallest building looks small.
   （遠くから見られると［見たら］）一番高いビルでさえ小さく見える。

8. (Not having enough money,) I couldn't go back to my hometown.
   （十分なお金を持っていなかったので）私は郷里に帰ることができなかった。

9. (Having finished my homework,) I watched TV.
   （宿題を終えたので）私はテレビを見た。

10. (The class being over,) I rushed off to my part-time job.
    （授業が終わったので）私はバイトに急いで向かった。

解 説

1. **分詞構文・現在分詞 [〜ながら]**
   この例文の分詞構文[現在分詞：動詞ing形]は（〜しながら）という付帯状況の意味で使われています。また分詞構文の動詞「聴く」と主文の動詞「掃除する」の主語は必ず一致していなくてはならないので注意しましょう。

2. **分詞構文・現在分詞 [〜とき]**
   この例文の分詞構文は（〜とき）という意味で使われています。

3. **分詞構文・現在分詞 [〜ので]**
   この例文の分詞構文は（〜ので）という原因・理由の意味で使われています。

4. **分詞構文・現在分詞 [〜たら]**
   この例文の分詞構文は（〜たら・〜れば）という条件の意味で使われています。

5. **分詞構文・現在分詞 [〜だが]**
   この例文の分詞構文は（〜だが）という譲歩の意味で使われています。

6. **分詞構文・現在分詞 [そして〜]**
   この例文の分詞構文は動作や出来事が連続して起こる場合、（そして〜）という意味で使われます。そのため日本語の意味は主文を訳してから分詞構文の意味へとつながるので注意しましょう。

7. **分詞構文・過去分詞**
   分詞構文を受け身にする場合、being＋過去分詞となりますが、be動詞は省略され、過去分詞から始まります。また分詞構文の動詞と主文の動詞の主語が一致していることも確認しましょう。

8. **分詞構文の否定形**
   分詞構文を否定形にしたい場合、分詞の前にnotをつけるという簡単なルールを覚えておきましょう。

9. **分詞構文の完了形**
   分詞構文の動詞が主文の動詞より前の出来事を表わす場合、（having＋過去分詞）のように完了形を使います。

10. **独立分詞構文**
    分詞構文の主語が主文の主語と異なるときは、その異なる主語を分詞の前に置くという簡単なルールを覚えておきましょう。これを独立分詞構文と呼びます。

*分詞構文の副詞句の位置は、暗唱用例文6の場合を除いて比較的自由です。暗唱用例文では、ほとんどの副詞句が日本語に合わせて前方に置かれていますが、後方に移動しても問題ありません。同様に暗唱用例文1の副詞句を前方に移動することも可能です。

*分詞構文の慣用表現はp.74の9.1にまとめてあります。

1. 次の英文の副詞句を暗唱用例文に倣って（　　）[只かっこ]でくくり、日本語にしなさい。

(1) All other things being equal, I would choose the inexpensive one.

(2) Making an obvious mistake, he was not embarrassed at all.

(3) Opening the textbook, you will find a quiz on the first page.

(4) We sat up all night talking about our high school days.

(5) Written in English and Japanese, this book is suitable for me.

2. 次の文章の副詞句を暗唱用例文に倣って（　　）[只かっこ]でくくり、全文を日本語にしなさい。尚、これらの文章には形容詞句も含まれているので、同様に〔　　〕[槍かっこ]でくくり、波線を引きなさい。

27 (1) Coming from a large family, I had many opportunities to play games with my siblings. On weekends, we often used to play Go together. Not wanting to lose, I would do my best to remember new strategies. However, me being the youngest child, my brothers and sisters would always win. Feeling disheartened, I would put the stones back in their bowls. Nevertheless, encouraged by my parents, I became a keen Go player. Now, having played for many years, I can call myself a reasonably good player.

28 (2) During my junior high school days, I visited Nara on a school trip. After the long ride, I stepped off the bus feeling tired. The next day, we all headed for Nara park. Walking around the park, I saw many foreign tourists. Later, I was spoken to by one of them. Not being able to understand, I ran away. I felt helpless, not being able to speak English. Now, having studied for many years, I can speak English very well and often help lost foreign tourists.

3. 次の [   ] 内の語（句）を並べ替えて、日本文の意味に合う英文を作りなさい。ただし、文頭の語も小文字にしてあります。

(1) 日本から来たので私は地震には慣れている。
 [am / coming / Japan, / to / from / used / I] earthquakes.

(2) ５年間一人暮らしをしていたのでエミはとても上手に料理ができる。
 [own / five years, / having / her / lived / on / for] Emi can cook very well.

(3) 私は注意深くないのでたくさんのミスをした。
 [mistakes / a lot of / being / I / not / careful, / made].

(4) 生徒たちは校舎に入り、段差のそばで靴を脱いだ。
 The students [removing / entered / their / the step / the building, / by / shoes].

(5) 新宿あたりを歩いていたとき、私は偶然昔の友だちに会った。
 [to / I / meet / Shinjuku, / walking / happened / around] my old friend.

4. 次の質問に対して、自分のことに照らし合わせて答えなさい。それぞれ、学習した構文を使ってください。

(1) Talk about two activities you usually do at the same time.
 Example: I usually eat dinner watching TV.
 I usually _____.

(2) What time do you usually leave home and arrive at school?
 Example: I usually leave home at 8:10 a.m., arriving at school at 8:50 a.m.
 I usually leave home _____.

(3) What do you usually do after school?
 Example: School being over, I usually go to the library.
 School being over, I usually _____.

UNIT 10 副詞の働きをする文のまとまり [副詞節] その1

本課では、様々な接続詞が導く副詞節を学習します。副詞節は主文の動詞や文全体を修飾する文のまとまりです。本書では可視化のため副詞節を/ 7[鍵スラッシュ] でくくり、副詞節を導くキーワードとなる接続詞や接続詞の働きをする語句のまとまり[接続詞相当語句]に波線を引きます。副詞節は主に目的、時、理由、条件、譲歩、様態、程度などの意味を表わすので「ために・とき・ので・たら・だが・ように・ほど」とまとめて覚えると良いでしょう。

 暗唱用例文 29

1. Speak clearly and logically /so that we can understand you/.
   /私たちがあなたを理解できるために [ように]/はっきりと論理的に話しなさい。

2. /When I was in elementary school,/ I was timid.
   /[私が] 小学校にいたとき/私は内気だった。

3. I like you /because you are very interesting/.
   /[あなたは] とても面白いので/私はあなたが好きだ。

4. /If it is fine tomorrow,/ I will go to the beach with my friends.
   /もし明日晴れたら/私は友だちと海に行くでしょう。

5. /Although I was not confident,/ I joined the discussion in English.
   /私は自信がなかったが/英語でのディスカッションに参加した。

6. You have to fill out the form /as the teacher instructs you/.
   /先生が指示するように/あなたはその用紙に記入しなくてはならない。

7. I was so tired /that I couldn't walk anymore/.
   私は/もう歩けないほど/とても疲れていた。[とても疲れたのでもう歩けなかった]

8. I had never played soccer /before I entered university/.
   /大学に入学した以前に/私はサッカーをしたことがなかった。

9. I had been playing tennis for three years /when I entered university/.
   /大学に入学したとき/私は3年間ずっとテニスをし続けてきた。

10. /While walking on the road,/ I enjoyed the cherry blossoms.
    /道を歩きながら/私は桜の花を楽しんだ。

 解 説

1. **目的 [〜ために]**

   この例文では目的を表わす副詞節が使われており、接続詞の働きをする接続詞相当語句、so thatは [〜ために・〜ように] という意味になります。so thatのthatは省略されることもあります。

2. **時 [〜とき]**

   この例文では時を表わす副詞節が使われており、接続詞のwhenは [〜とき] という意味になります。

3. **理由 [〜ので]**

   この例文では理由を表わす副詞節が使われており、接続詞のbecauseは [〜ので] という意味になります。

4. **条件 [〜たら]**

   この例文では条件を表わす副詞節が使われており、接続詞のifは [もし〜たら・〜れば] という意味になります。

5. **譲歩 [〜だが]**

   この例文では譲歩を表わす副詞節が使われており、接続詞のalthoughは [〜だが・〜だけれど] という意味になります。

6. **様態 [〜ように]**

   この例文では様態を表わす副詞節が使われており、接続詞のasは [〜ように] という意味になります。

7. **程度 [〜ほど]**

   この例文では程度を表わす副詞節が使われており、[so…that〜] の接続詞thatは [〜ほど…] という意味になります。この表現は「とても…なので〜」と訳され、慣用表現として使われています。

＊例文1〜7で使われる接続詞や接続詞相当語句は他にもたくさんあり、その例文はp.75〜78の10.1〜10.7にまとめてあります。副詞節を導く接続詞や接続詞相当語句の主なものはほとんどここで網羅できます。

8. **時を表わす副詞節と過去完了形**

   副詞節の動詞が過去、主文の動詞が過去完了 [had＋過去分詞] の場合、主文の内容は副詞節の動詞「入学した」よりも前の過去や経験・継続・完了を表わします。

9. **時を表わす副詞節と過去完了進行形**

   副詞節の動詞が過去、主文の動詞が過去完了進行形 [had been＋動詞ing] の場合、主文の内容は副詞節の動詞「入学した」よりも前とその時点での継続を表わします。

10. **副詞節中のSVの省略**

    副詞節の [主語・動詞] が省略されることがあります。多くの場合、省略される副詞節の主語は主文の主語と同じで、省略される動詞はbe動詞です。

＊比較の文でも副詞節がよく使われるので、その例文はp.78の10.8にまとめてあります。

1. 次の英文の副詞節を暗唱用例文に倣って⌊　⌉[鍵スラッシュ]でくくり、波線を引き、日本語にしなさい。

(1) It was such a beautiful day that we took a walk in the park.

(2) Now hold your pen like I do.

(3) Please open your notebook so I can check your answers.

(4) They stopped talking the moment the teacher entered the classroom.

(5) I have to do it myself since I cannot rely on his cooperation.

2. 次の文章の副詞節を暗唱用例文に倣って⌊　⌉[鍵スラッシュ]でくくり、波線を引き、全文を日本語にしなさい。尚、これらの文章には形容詞句、副詞句も含まれているので、同様に⌊　⌉[槍かっこ]と（　）[只かっこ]でくくり、波線を引きなさい。副詞節と副詞句が二重になっている箇所もあります。

(30) (1) I never used to feel confident when I ate at a western-style restaurant with friends and colleagues. So I read a book on restaurant manners. If it is a popular restaurant, we should make a reservation. As the menu is usually difficult to understand, we should ask the waiter or waitress for their assistance. At the end of the meal, we should leave a tip if we do not want to give the wrong impression. Although they are not cheap, western-style restaurants are very enjoyable.

(31) (2) Schools have rules so that everyone can be treated equally. Schools also have regulations to guarantee a certain level of safety. For example, a student should never run on the stairs because they may hurt themselves or others. Everyone must walk on the left side of the corridor if they do not want to bump into anyone. So that everyone can look equal in appearance, students must wear a uniform. As long as everyone understands and obeys these rules, there will be fewer problems.

3. 次の [　　] 内の語 (句) を並べ替えて、日本文の意味に合う英文を作りなさい。ただし、文頭の語も小文字にしてあります。

(1) いったんこの問題を解けばあなたは全ての他の質問に答えることができる。

[you / answer / solve / problem, / can / once / you / this] all the other questions.

(2) 私たちが到着したときテストはすでに始まっていた。

The [had / when / test / arrived / begun / we / already].

(3) 疲れ果てていたが、マドカはテストのために勉強し続けた。

[exhausted, / for / Madoka / studying / though / kept] the test.

(4) 彼は最も誠意あるお詫びをしたが、私は彼を許すことができなかった。

[couldn't / he / I / sincerest / while / his / apologies, / made] forgive him.

(5) 友だちが起こすまでユミは眠り続けていた。

Yumi [woke / until / sleeping / her / had / her friend / been] up.

4. 次の質問に対して、自分のことに照らし合わせて答えてみましょう。それぞれ、学習した構文を使ってください。

(1) What do you do so that you can improve yourself?
Example: I put on makeup so that I can be more attractive.
I ＿＿＿＿＿＿＿＿＿＿＿＿＿ so that I can ＿＿＿＿＿＿＿＿＿＿.

(2) What had you never done before you entered university?
Example: I had never worked part-time before I entered university.
I ＿＿＿＿＿＿＿＿＿＿＿＿＿＿ before I entered university.

(3) What had you been doing when you entered university?
Example: I had been playing the guitar for six years when I entered university.
I ＿＿＿＿＿＿＿＿＿＿＿＿＿ when I entered university.

本課では、副詞節の様々な用法のうち譲歩に焦点を当てて学習します。[いつ・どこで[に]・誰が[を]・何を[が]・どんなに・どちらを[が]〜でも]、[〜してもしなくても]、[たとえ〜でも]などの表現を学びます。本課でも同様に可視化のため、副詞節を[   ][鍵スラッシュ]でくくり、副詞節を導くキーワードとなる接続詞や接続詞相当語句に波線を引きます。

暗唱用 例文 2-1

1. [Whenever I call Junko,] she is watching TV.
   [いつ[私が]ジュンコに電話をかけても]彼女はテレビを見ている。

2. I will follow you [wherever you go].
   [どこにあなたが行っても]私はあなたについていくだろう。

3. [Whoever asks me,] I will never tell them your secret.
   [誰が私に求めても]私は決してあなたの秘密を彼らに言わないだろう。

4. [Whatever your goal is,] I'll support you.
   [あなたの目標が何であっても]私はあなたを支えるだろう。

5. I will solve the problem, [however difficult it is].
   [どんなに難しくても]私はその問題を解決するだろう。

6. [Whichever book you read,] you will learn something.
   [どちらの本を読んでも]あなたは何かを学ぶでしょう。

7. Please don't forget me, [no matter what happens].
   [たとえ何が起きても]どうぞ私を忘れないでください。

8. [Whether Yuki comes or not,] we will have a good time.
   [ユキが来ても来なくても]私たちは楽しい時を過ごすでしょう。

9. The festival will be held [even if it rains].
   [たとえ雨が降っても]そのお祭りは開催されるでしょう。

10. [Young as he is,] he is responsible and independent.
    [彼は若いけれど]責任感が強く、自立している。

 解 説

1. **whenever [いつ～でも]**

   例文の⌐whenever ＋主語＋述語⌐は⌐いつ…が～しても⌐という意味で、主文の動詞「[テレビを]見ている」を修飾しているので副詞節になります。whenever には「…が～するときはいつでも」という意味もありますが、文脈からどちらがしっくりくるか考えて意味を捉えてください。

2. **wherever [どこで[に]～でも]**

   ⌐wherever ＋主語＋述語⌐で⌐どこで[に]…が～しても⌐という意味になります。wherever には「…が～するところはどこでも」という意味もありますが、文脈からどちらがしっくりくるか考えて意味を捉えてください。

3. **whoever [誰が[を]～でも]**

   例文は⌐whoever ＋述語⌐で⌐誰が～しても⌐という意味ですが、⌐whoever ＋主語＋述語⌐の場合は、⌐誰を…が～しても⌐という意味になります。

4. **whatever [何を[が]～でも]**

   例文は⌐whatever ＋主語＋述語⌐で⌐…が何を～しても[何であっても]⌐という意味ですが、⌐whatever ＋述語⌐の場合は、⌐何が～しても⌐と言う意味になります。

5. **however ＋形容詞 [どんなに～でも]**

   ⌐however ＋形容詞＋主語＋述語⌐で⌐どんなに…が～しても[でも]⌐という意味になります。

6. **whichever ＋名詞 [どちらの名詞を[が]～でも]**

   例文は⌐whichever ＋名詞＋主語＋述語⌐で⌐どちらの名詞を…が～でも⌐という意味ですが、⌐whichever ＋名詞＋述語⌐の場合、⌐どちらの名詞が～でも⌐という意味になります。

7. **no matter what ～ [たとえ何が[を]～しても]**

   例文の⌐no matter what ＋述語⌐は⌐whatever ＋述語⌐と同じで、⌐何が～しても⌐という意味になります。同様に⌐no matter when・where・who・how・which⌐は⌐whenever・wherever・whoever・however・whichever⌐と同じ用法で同じ意味になります。

8. **whether ～ or not [～してもしなくても]**

   ⌐whether ＋主語＋述語＋ or not⌐で⌐…が～してもしなくても⌐という意味になります。⌐whether or not ＋主語＋述語⌐という言い方もでき、意味は全く同じです。

9. **even if ～ [たとえ～でも]**

   ⌐even if ＋主語＋述語⌐で⌐たとえ…が～でも⌐という意味になります。⌐even though ＋主語＋述語⌐も⌐たとえ…が～でも⌐と同じような意味で使われます。

10. **形容詞＋ as ＋主語＋ be 動詞 [～だが]**

    例文のように⌐形容詞＋ as ＋主語＋ be 動詞⌐という形をとっている場合、⌐…は形容詞だが[けれど]⌐という譲歩の意味になります。

1. 次の英文の副詞節を暗唱用例文に倣って／　 ／[鍵スラッシュ]でくくり、波線を引き、日本語にしなさい。

(1)　However upset you may feel, never lose your temper.

(2)　I will never give up my dreams, whatever happens.

(3)　No matter how hopeless he was, he never failed to tackle the challenge.

(4)　Whenever I visit him in the office, he is drinking coffee.

(5)　You must memorize the whole list, whether you like it or not.

2. 次の文章の副詞節を暗唱用例文に倣って／　 ／[鍵スラッシュ]でくくり、波線を引き、全文を日本語にしなさい。尚、これらの文章には副詞句も含まれているので、同様に（　　）[只かっこ]でくくりなさい。

(2-2) (1)　Whenever I think back to my school days, I always remember lunchtime and the food. No matter what was served, it never tasted like the food at home. Even if you try to, you can never forget the unique taste of school milk. As well as giving nourishment, the school lunch system teaches children etiquette and promotes healthy eating choices. Traditionally students have been encouraged to eat all their lunch whatever their preference may be. Whether you like them or not, school lunches are still an important part of school culture.

(2-3) (2)　Wherever you go, you can see debit card logos in shop windows and on cash registers. The advantages of debit cards are obvious, no matter how much you prefer to use cash. Magnetic-strip debit cards are inexpensive and easy to handle. Whenever you use a debit card, you do not need to worry about small change, and even if your debit card runs low, you can quickly charge it. At present, the number of debit cards is increasing rapidly. So, whether you like them or not, debit cards are not going away anytime soon.

3. 次の [　] 内の語 (句) を並べ替えて、日本文の意味に合う英文を作りなさい。ただし、文頭の語も小文字にしてあります。

(1)　高かったけれど私はその電子辞書を買った。
[as / bought / was, / the electronic / I / expensive / it] dictionary.

(2)　たとえどこに行ってもクミは決してあなたを忘れないでしょう。
Kumi [forget / goes / never / she / you / will / wherever].

(3)　どちらのホテルをあなたが選んでも追加料金はない。
[no / choose, / hotel / is / whichever / there / you] additional charge.

(4)　誰が彼にアドバイスを与えても彼はそれを聞かないだろう。
[won't / advice, / whoever / listen / him / he / gives] to it.

(5)　たとえそれをしたくなくてもあなたはその課題を終えなくてはならない。
You must [don't / even / to / the task / if / want / complete / you].

4. 次の質問に対して、自分のことに照らし合わせて答えてみましょう。それぞれ、学習した構文を使ってください。

(1)　What do you usually do wherever you travel?
Example: I usually eat local specialties wherever I travel.
I usually ＿＿＿＿＿＿＿＿＿＿＿＿＿＿＿ wherever I travel.

(2)　What do you want your friend to be or do no matter what happens?
Example: I want my friend to be kind to me no matter what happens.
I want ＿＿＿＿＿＿＿＿＿＿＿ no matter what happens.

(3)　What is something you want to do or achieve no matter how challenging it may be?
Example: I want to travel around Europe alone no matter how challenging it may be.
I want to ＿＿＿＿＿＿＿ no matter how challenging it may be.

UNIT 12

副詞の働きをする文のまとまり [副詞節] その3

本課では仮定法を学習します。仮定法は副詞節の様々な用法のうち条件の意味を表わすものです。本課でも同様に、副詞節を/   /[鍵スラッシュ]でくくり、副詞節を導くキーワードとなる接続詞や接続詞相当語句に波線を引きます。さらに本課では仮定法で使われる動詞や動詞相当語句[助動詞等も含めた動詞のまとまり]に実線を引くことで、その複雑な使用ルールの理解を図ります。

暗唱用 例文

1. /If I were a rich man,/ I would buy a private island.
   /もし私が[今]金持ちだったら/私は自分の島を買うだろう。

2. /If I lived near the sea,/ I could go surfing every day.
   /もし私が[今]海の近くに住んでいたら/毎日サーフィンに行くことができるのに。

3. /If I had been free,/ I could have attended the summer camp.
   /もし私が[あのとき]暇だったら/夏合宿に参加できたのに。

4. /If I hadn't stayed in the dormitory,/ I wouldn't have met him.
   /もし私が[あのとき]寮に住んでいなかったら/彼に会っていなかっただろう。

5. /If he hadn't given me advice,/ I would be in trouble now.
   /もし彼が[あのとき]私にアドバイスをくれなかったら/私は今頃困っていただろう。

6. /If you were to win the lottery,/ what would you do with the money?
   /もし[仮に]宝くじに当たったとしたら/そのお金であなたは何をするでしょうか？

7. Ayaka behaves /as if she were the boss/.
   /まるで[今]上司であるかのように/アヤカはふるまう。

8. She looks scared /as if she had seen a ghost/.
   /まるで彼女が[その前に]幽霊でも見たかのように/怯えているように見える。

9. /Were I you,/ I would quit that part-time job.
   /もし私が[今]あなただったら/あのバイトを辞めるだろう。

10. /Had I known,/ I would have told you.
    /もし私が[あのとき]知っていたら/私はあなたに言っていただろう。

56

 解 説

1. **現在の仮定 [be動詞、仮定法過去]**
   現在の事実と異なることを仮定する場合、⌐副詞節の中のbe動詞はwere⌐、主文の動詞はwould/couldなどの助動詞＋動詞という形をとります。

2. **現在の仮定 [一般動詞、仮定法過去]**
   現在の事実と異なることを仮定する場合、⌐副詞節の中の一般動詞は過去形⌐、主文の動詞はwould/couldなどの助動詞＋動詞という形をとります。

3. **過去の仮定 [be動詞、仮定法過去完了]**
   過去の事実と異なることを仮定する場合、⌐副詞節の中のbe動詞はhad been⌐、主文の動詞はwould/couldなどの助動詞＋have＋過去分詞という形をとります。

4. **過去の仮定 [一般動詞、仮定法過去完了]**
   過去の事実と異なることを仮定する場合、⌐副詞節の中の一般動詞はhad＋過去分詞⌐、主文の動詞はwould/couldなどの助動詞＋have＋過去分詞という形をとります。例文ではその否定形が使われています。

5. **副詞節が過去の仮定・主文が現在の仮定**
   副詞節では過去の事実と異なることを仮定し、主文では現在の事実と異なることを述べる場合、⌐副詞節の中の動詞はhad＋過去分詞⌐、主文の動詞はwould/couldなどの助動詞＋動詞という形をとります。

6. **未来の仮定 [were to]**
   起こりそうにない未来のことを仮定する場合、⌐副詞節の中の動詞はwere to＋動詞⌐、主文の動詞はwould/couldなどの助動詞＋動詞という形をとります。

7. **as if＋動詞の過去形 [仮定法過去]**
   ⌐まるで [今] ～のように⌐と現在の事実と異なることを述べる場合、⌐副詞節の中の動詞は過去形⌐、主文の動詞は現在形/過去形という形をとります。as ifの代わりにas thoughを使うこともできます。

8. **as if＋動詞の過去完了形 [仮定法過去完了]**
   ⌐まるで [その前に] ～したかのように⌐と過去の事実と異なることを述べる場合、⌐副詞節の中の動詞はhad＋過去分詞⌐、主文の動詞は現在形/過去形という形をとります。as ifの代わりにas thoughを使うこともできます。

9. **ifの省略 [倒置、現在の仮定、仮定法過去]**
   be動詞のwereを使って現在の仮定をする場合、⌐副詞節のifを省略してwereを文頭に移動⌐することができます。

10. **ifの省略 [倒置、過去の仮定、仮定法過去完了]**
    過去の仮定をする場合、⌐副詞節のifを省略してhadを文頭に移動⌐することができます。

＊仮定法の慣用表現はp.78の12.1と12.2にまとめてあります。

1. 次の英文の副詞節を暗唱用例文に倣って⌊　⌉[鍵スラッシュ]でくくり、波線や実線を引き、日本語にしなさい。

(1) Had I been more careful, I wouldn't have spilled my coffee.

(2) If I had been a boy, I could have protected you.

(3) If I hadn't studied in Australia, I wouldn't be fluent in English now.

(4) If Ken were more handsome, she would marry him.

(5) Tetsuya talks as if he knew everything about English grammar.

2. 次の文章の副詞節を暗唱用例文に倣って⌊　⌉[鍵スラッシュ]でくくり、波線や実線を引き、全文を日本語にしなさい。尚、これらの文章には形容詞句、副詞句も含まれているので、同様に⟅　⟆[槍かっこ]と(　)[只かっこ]でくくり、波線を引きなさい。

2-5 (1) Whenever I have time, I read superhero comics. If I were to wake up with superhero powers tomorrow, I wouldn't tell anyone. I would pretend as if I were a normal human being. If I were a superhero, I would use my strength to help people in trouble and fight crime. If I had super-sensitive hearing, I would listen to criminals as they discussed their sinister plots in dark basements. Were I given x-ray vision, I would look through walls to find stolen cash. What would you do if you were a superhero?

2-6 (2) If I were better at languages, I would work in the hotel industry and use my ability to help foreign tourists enjoy their stay in Japan. I would certainly be a concierge in a high-class New York hotel if I could work abroad. If I were taller, I would apply for a job as a cabin attendant. One thing is for sure; if I were able to go back in time, I would study harder in school. If your teacher asked you about your skill sets and future career, what would you answer?

3. 次の [　　] 内の語（句）を並べ替えて、日本文の意味に合う英文を作りなさい。ただし、文頭の語も小文字にしてあります。

(1) もし宝くじが当たったとしたら私は世界中を旅行するのになあ。

I [if / around / I / travel / won / the world, / would / all] the lottery.

(2) もし辛いラーメンを食べなかったら胃痛にはならなかったのに。

I [have / stomachache / I / eaten / if / wouldn't / hadn't / gotten] the hot noodles.

(3) もし仮にあなたが彼の手紙を読んだとしたら彼の気持ちを理解するだろう。

If you [to / understand / were / read / would / his letter, / you] his feelings.

(4) まるで何も起こらなかったかのように彼らは一緒にランチに行った。

They went to [as / had / together / nothing / lunch / if / happened].

(5) もし私があなたの立場にあったら残業はしないだろう。

[I / were / wouldn't / in / place, / I / your] work overtime.

4. 次の質問に対して、自分のことに照らし合わせて答えてみましょう。それぞれ、学習した構文を使ってください。

(1) What would you do if you were an invisible person?
Example: I would go to a movie theater if I were an invisible person.
I would _____ if I were an invisible person.

(2) Talk about a fascinating encounter, using "if I hadn't."
Example: If I hadn't gone to the party, I wouldn't have met my best friend.
If I hadn't _____, I wouldn't have _____.

(3) Describe how happy your friend looks, using "as if."
Example: My friend looks happy as if she ate something delicious.
My friend looks happy as if _____.

副詞句・副詞節について

　Unit 8〜12では、副詞句と副詞節について学習しました。副詞は動詞、形容詞、副詞、文全体などを修飾する品詞ですが、本書では主に動詞や文全体にかかる副詞句や副詞節を学びました。副詞句や副詞節を作る英文法としては、不定詞、付帯状況、前置詞句、分詞構文、接続詞［接続詞相当語句・複合関係詞・仮定法を含む］でほぼ網羅できるので、本書で学習した例文を参考に、たくさんの英文が作れて使えるようにしてください。
　さて、次の日本文をみてください。

1. 私は／仙台に行ったとき、／／とてもお腹がすいたので／（有名なお店で）牛タンを食べた。

　このように副詞句や副詞節を（只かっこ）や／鍵スラッシュ／でくくり、取り除いてみると「私は牛タンを食べた」という、この文の主要素のみが残ります。それは英文でも同じで、次の文の副詞句・副詞節を取り除くと、この文が I ate beef tongue. という SVO の文であることがわかります。

2. ／When I went to Sendai,／ I ate beef tongue (at a famous restaurant) ／as I
　was very hungry／.

　本書の例文や問題では副詞の単語そのものには（只かっこ）をつけませんでしたが、次の例文のように副詞句も含め、副詞にも（只かっこ）をつけてみましょう。

3. I (always) eat breakfast (quickly) (in the kitchen) (not to be late for school).
　私は（学校に遅刻しないように）（いつも）（台所で）（急いで）朝食を食べる。

　1. 2.の例文と同様に I eat breakfast. という文の主要素（SVO）のみ残ることがわかります。すなわち、副詞、副詞句、副詞節は文の主要素とはならず、あくまでも文を修飾する語や語句や文のまとまりであることがわかります。文の主要素と関わる名詞句・節や形容詞句・節と異なり、副詞句・節の位置にやや自由度があるのはここに理由があります。
　英文を読んでいて、やたらと長い一文に出くわすことがありますが、全く恐れることはありません。副詞、副詞句、副詞節がくっついて長くなっている可能性が高いので、それぞれ分けて理解し、文の主要素にたどり着くことができれば、その文全体の意味を正確に把握することができます。ぜひ試してみてください。

Part 4

Unit 13〜14

動詞相当語句・知覚動詞・使役動詞

　Unit 13〜14 では、動詞相当語句・知覚動詞・使役動詞に焦点を当てて学習します。Unit 13 で扱う文法は、主に助動詞＋完了形、様々な受け身形、現在完了進行形であり、Unit 14 では、知覚動詞[SVOC]、使役動詞[SVOC]、知覚動詞と使役動詞の受け身形を扱います。

　英語の中・上級レベルでは、中学で学んだ動詞の基本的な文法が様々な形で組み合わさって複雑になってきます。しかし本書では、文法の複雑な組み合わせとして学習するのではなく、主となる動詞に様々なニュアンスを醸し出すまとまり、すなわち動詞相当語句として扱います。具体的には、例えば[must have ＋過去分詞]だったら、そのまま「〜したに違いない」といったように慣用表現として覚えてしまい、使えるようにするという考え方です。

　Unit 13〜14 で扱う動詞相当語句・知覚動詞・使役動詞は日常生活でもよく使われる表現なので、例文を覚えて、ぜひ使えるようにしてください。

UNIT 13 動詞相当語句

本課では[助動詞＋have＋過去分詞]、[様々な受け身形]、[現在完了進行形]を学習します。本書では、これらの[助動詞等も含めた動詞の働きをする意味のまとまり]を動詞相当語句として捉えます。本課では可視化のため、動詞相当語句に実線を引き、その意味と用法の理解を図ります。

暗 唱 用 例 文

1. Runa must have forgotten the telephone number.
   ルナはその電話番号を忘れたに違いない。

2. I should have applied for the internship.
   私はそのインターンシップに応募すべきだった。

3. She cannot have done such a silly thing.
   彼女がこんなばかげたことをしたはずがない。

4. He seems to have visited many sightseeing spots.
   彼はたくさんの観光地を訪れたようだ。

5. The assignment must be submitted by Friday.
   その宿題は金曜までに提出されなくてはならない。

6. I have never been selected for the school volleyball team.
   私は今までに学校のバレーボールチームに選ばれたことがない。

7. I was asked to be the class leader by my teacher.
   私は先生にクラスのリーダーになることを［よう］求められた。

8. The rock band was named Pockets.
   そのロックバンドはポケッツと名づけられた。

9. I was spoken to by a stranger on my way home.
   私は家に帰る途中、見知らぬ人に話しかけられた。

10. Chika has been looking for her book since this morning.
    チカは今朝から自分の本をずっと探し続けている。

1. **must have 過去分詞**
    [must have 過去分詞] は「〜したに違いない」という意味になります。過去のことを推測して述べるときに使う動詞相当語句としてまとまりで覚えるようにしましょう。過去の推測を述べる似た用法として、[might have 過去分詞]＝「〜したかもしれない」という動詞相当語句もよく使われるので覚えておきましょう。

2. **should have 過去分詞**
    [should have 過去分詞] は「〜すべきだった（のにしなかった）」という意味になります。過去のことに対して後悔や非難をするときに使う動詞相当語句です。

3. **cannot have 過去分詞**
    [cannot have 過去分詞] は「〜したはずがない」という意味になります。過去のことを推測して強く否定したいときに使う動詞相当語句です。

4. **seem to have 過去分詞**
    [seem to have 過去分詞] は「〜したようだ」という意味になります。過去のことを推測して述べるときに使う動詞相当語句です。

5. **must be 過去分詞 [助動詞＋受け身形]**
    [must be 過去分詞] は「〜されなければならない」という意味になります。他の助動詞の場合も同様に、例えば [should be 過去分詞] なら「〜されるべきだ」といったように、受け身に助動詞の意味を加えた意味になります。

6. **have been 過去分詞 [現在完了の受け身形]**
    [have been 過去分詞] は、文によって経験「〜されたことがある」、継続「〜され続けている」、完了「〜されたところだ」という意味になります。

7. **SVOO [不定詞] の受け身形**
    Unit 1の暗唱用例文4[p.8]で学習した [SVO＋不定詞] の受け身形は、「〜することを[〜するよう]…される」という意味になります。[be asked to 〜] は「〜するよう求められる」という動詞相当語句としてまとまりで覚えるようにしましょう。この形でよく使われる動詞相当語句の例はp.79の13.1にまとめてあります。

8. **SVOCの受け身形**
    They named the rock band Pockets. [彼らはそのロックバンドをポケッツと名づけた]というSVOCの文を受け身形にした例文です。この構文で使われる動詞は、nameの他にcall, considerなど限られているので受け身形をまとまりで覚えて使えるようにしましょう。

9. **熟語の受け身形**
    [speak to]＝「話しかける」というように動詞が熟語としてまとまっている場合、受け身になっても動詞のまとまりとしてそのまま使われます。そのような熟語の例はp.79の13.2にまとめてあります。

10. **have been 〜ing [現在完了進行形]**
    [have been 〜ing] は「ずっと〜し続けている」という意味になります。過去のある時点から現在までし続けていることを表現するときに使う動詞相当語句です。

1. 暗唱用例文に倣って次の英文の動詞相当語句に実線を引き、日本語にしなさい。

(1) Akira cannot have written such a thing.

(2) Aya must have dropped her ticket on the bus.

(3) I have never been invited to a wedding reception.

(4) Mari was called 'Mary' in America.

(5) We have been rewriting the report since early this morning.

2. 暗唱用例文に倣って次の文章の動詞相当語句に実線を引き、全文を日本語にしなさい。尚、これらの文章には名詞句、形容詞句、形容詞節、副詞句、副詞節も含まれているので、同様に（　）[丸かっこ]、↓　↑ [槍かっこ]、↙　↗ [槍スラッシュ]、（　）[只かっこ]、／　／ [鍵スラッシュ]でくくり、波線を引きなさい。

2-8 (1) You must have heard the short melodies at railway stations just before a train closes its doors. Since 1989, JR stations have been introducing these departure melodies which have now spread to many other train lines. Takadanobaba station plays the theme to 'Astro Boy,' while Ebisu station plays the theme song used in beer commercials. Stations could not have come up with a better idea to indicate a train's departure. These short tunes have been welcomed by passengers as a friendly alternative to traditional warning sounds.

2-9 (2) Yesterday, I had an important test, but I must have forgotten to set my alarm and woke up late. On the way to the station, I was bumped into by a stranger and fell over. I was laughed at by everyone on the street. When I arrived, I was permitted to take the test by my teacher. I was tired, and the test was challenging. I should not have stayed up so late, watching TV. Instead, I should have studied for the test. I have been worrying about my test score ever since. The result will be announced on Friday.

3. 次の [   ] 内の語(句)を並べ替えて、日本文の意味に合う英文を作りなさい。ただし、文頭の語も小文字にしてあります。

(1) 様々な種類の本が図書館から借りれられることができる。

All kinds [books / the library / borrowed / can / from / of / be].

(2) 私のレポート全てが先生によってざっと目を通された。

All [were / my teacher / through / my essays / of / by / looked].

(3) 全ての少年は家庭科の授業に参加するよう促された。

[join / the boys / the cooking / encouraged / all / were / to] class.

(4) 私は眠い。一晩中起きているべきではなかった。

I'm sleepy. [all / up / should / stayed / not / I / have] night.

(5) 彼女は最初の情熱を失ってしまったようだ。

She [have / enthusiasm / to / her / lost / initial / seems].

4. 次の質問に対して、自分のことに照らし合わせて答えてみましょう。それぞれ、学習した構文を使ってください。

(1) Your friend is crying alone in the classroom. What do you think must have happened?
Example: She must have broken up with her boyfriend.
She _____.

(2) Talk about something you regret having done, and give the reason.
Example: I shouldn't have eaten the hot curry, because I had a terrible stomachache.
I _____, because _____.

(3) What have you been doing for a long time?
Example: I've been playing tennis for five years.
I've _____.

知覚動詞・使役動詞・動詞相当語句

本課では、知覚動詞・使役動詞を使ったSVOCの構文、知覚動詞と使役動詞[make]の受け身形を学習します。本課では可視化のため、知覚動詞・使役動詞とC[補語]となる動詞、およびSVOCが受け身になったときの動詞相当語句に実線を引きます。

2-10 暗唱用 例文

1. I saw Alice enter a coffee shop.
   私はアリスが珈琲店に入るのを見た。

2. I saw Kemeko eating doughnuts.
   私はケメコがドーナッツを食べているのを見た。

3. I heard their new song played on the radio.
   私は彼らの新曲がラジオで流されるのを聞いた。

4. Yuka had her friend check her homework.
   ユカは友だちに宿題をチェックしてもらった。

5. I had my bag stolen in the coffee shop.
   私はバッグを喫茶店で盗まれた。

6. Our teacher made us think about the problem.
   先生は私たちにその問題について考えさせた。

7. Please let me help you with your bag.
   私にあなたのバッグを持つのを手伝わせてください。

8. Rie got the homework completed on time.
   リエは宿題を時間通りに終えさせた［終えた］。

9. Masaki was seen to eat an enormous steak alone.
   マサキは特大ステーキを一人で食べるのを見られた。

10. Yukiko was made to clean her room.
    ユキコは自分の部屋の掃除をさせられた。

解 説

1. **知覚動詞[SVOC, C が動詞の原形]**
   知覚動詞とは「見る・聞く・感じる」などの五感に関わる動詞です。[S＋V〈知覚動詞〉＋O＋C〈動詞の原形〉]で「SはOがCするのをVする」という意味になります。

2. **知覚動詞[SVOC, C が現在分詞]**
   [S＋V〈知覚動詞〉＋O＋C〈現在分詞〉]で「SはOがCしているのをVする」という意味になります。

3. **知覚動詞[SVOC, C が過去分詞]**
   [S＋V〈知覚動詞〉＋O＋C〈過去分詞〉]で「SはOがCされるのをVする」という意味になります。

4. **使役動詞 have[SVOC, C が動詞の原形]**
   [S＋have＋O＋C〈動詞の原形〉]で「SはOにCしてもらう」という意味になります。

5. **使役動詞 have[SVOC, C が過去分詞]**
   [S＋have＋O＋C〈過去分詞〉]で「SはOをCされる・Cしてもらう」という意味になります。OとCが受け身の関係になります。

6. **使役動詞 make[SVOC, C が動詞の原形]**
   [S＋make＋O＋C〈動詞の原形〉]で「SはOを[に]Cさせる」という意味になります。makeは「強制的に〜させる」というニュアンスを持ちます。

7. **使役動詞 let[SVOC, C が動詞の原形]**
   [S＋let＋O＋C〈動詞の原形〉]で「SはOを[に]Cさせる」という意味になります。letは「許可して〜させる」というニュアンスを持ちます。

8. **使役動詞 get[SVOC, C が過去分詞]**
   [S＋get＋O＋C〈過去分詞〉]で「SはOをCしてもらう・Cさせるようにする・Cさせる」という意味になります。本書では意味の観点から、この構文のgetを使役動詞として扱います。

9. **知覚動詞 see[SVOC]の受け身形**
   [be動詞＋seen to＋〈動詞の原形〉]となり、「〜するのを見られる」という意味になります。[be seen to 〜]や[be heard to 〜]は動詞相当語句としてまとまりで覚えるようにしましょう。

10. **使役動詞 make[SVOC]の受け身形**
    [be動詞＋made to＋〈動詞の原形〉]となり、「〜させられる」という意味になります。[be made to 〜]は動詞相当語句としてまとまりで覚えるようにしましょう。

1. 暗唱用例文に倣って次の英文の知覚動詞・使役動詞とC[補語]となる動詞、および動詞相当語句に実線を引き、日本語にしなさい。

(1) Daisuke was made to write the sentence 100 times.

(2) Did you have your eyesight checked?

(3) I saw the movie advertised on TV.

(4) My parents never let me stay up late at night.

(5) The documentary made us think about environmental issues.

2. 暗唱用例文に倣って次の文章の知覚動詞・使役動詞とC[補語]となる動詞、および動詞相当語句に実線を引き、全文を日本語にしなさい。尚、これらの文章には名詞句、名詞節、形容詞節、副詞句、副詞節も含まれているので、同様に ( )[丸かっこ]、/ /[丸スラッシュ]、↙ ↗[槍スラッシュ]、( )[只かっこ]、/ /[鍵スラッシュ] でくくり、波線を引きなさい。

(2-11) (1) Last weekend, I had my boyfriend take me to the movie theater to watch a scary movie. That movie was particularly frightening. I saw my boyfriend jump with fright right from the beginning. The scene where a black cat suddenly jumped out of a closet made us scream. After that, my boyfriend was terrified and made me hold his hand to the very end. We both laughed when we came out of the theater. However, my boyfriend made me promise never to watch another scary movie.

(2-12) (2) This week was another frustrating week at school. On Monday my teacher made me write a report at lunchtime. My best friend made me check her English homework on Tuesday. On Wednesday our teacher made us watch an English video in the history class. I had my application for a speech contest rejected on Thursday. On Friday I was told to clean up the club room. And on Saturday, I watched our school baseball team lose by two runs. I only hope that next week is better.

UNIT

3. 次の [ ] 内の語(句)を並べ替えて、日本文の意味に合う英文を作りなさい。ただし、文頭の語も小文字にしてあります。

(1) あなたはクラス全員にカードにサインをしてもらいましたか？

[by / the card / did / all / get / signed / you] the class members?

(2) 私は誰かが廊下で叫ぶのを聞いた。

[someone / the corridor / I / shout / in / heard].

(3) 彼女は友だちに荷物を家まで運んでもらった。

She [carry / had / her house / her friend / the luggage / to].

(4) 彼女は自分の彼氏を非難するのを聞かれた。

[boyfriend / was / to / she / her / heard / criticize].

(5) 先生は生徒たちがグループ作業をしているのを見た。

[groups / watched / in / the students / the teacher / working].

4. 次の質問に対して、自分のことに照らし合わせて答えてみましょう。それぞれ、学習した構文を使ってください。

(1) Have you ever seen a famous person in real life?
Example: Yes, I have seen Takuya eating ramen in Sapporo.
Yes, I have seen _____.

(2) Did you have someone do something when you were unwell?
Example: Yes, I had my mother cook me some soup when I was sick.
Yes, I had _____ .

(3) Describe a situation where you were forced to do something.
Example: I was made to do homework after school by my teacher.
I was made to _____ .

動詞相当語句・知覚動詞・使役動詞について

　　Unit 13〜14では、動詞相当語句、SVOCの文型で使われる知覚動詞や使役動詞について学習しました。動詞相当語句に関わる文法としては、助動詞＋完了形、様々な受け身形、現在完了進行形を扱いました。これらの動詞相当語句は暗唱用例文を参考に定型表現として覚え、使えるようにしてください。

　　さて、次の英文をみてください。

1.　She <u>watched</u> the movie. [彼女はその映画を観た]
2.　She <u>should watch</u> the movie. [観るべきだ]
3.　She <u>must have watched</u> the movie. [観たにちがいない]
4.　She <u>seems to have watched</u> the movie. [観たようだ]
5.　She <u>was told to watch</u> the movie. [観るよう言われた]
6.　She <u>has been watching</u> the movie. [ずっと観続けている]

　　これらの英文では、watch [観る] という動詞にいくつかの語句が付加され、様々なニュアンスを醸し出していることがわかります。本書では、これらの文の実線部を動詞相当語句、すなわち大きくVと捉え、the movieを目的語とするSVOの文型として理解するアプローチを取っています。

　　例えば I want to eat an apple. という文を I want (to eat an apple). [私は (りんごを食べること) を欲する→食べたい] と不定詞の名詞的用法として説明している中学や高校の教科書が多くありますが、本書では、I <u>want to eat</u> an apple. のように [want to eat] を動詞相当語句として捉える試みをします。

　　本書でも、Unit 1の暗唱用例文3で He promised (to tell me the truth). [彼は (真実を私に語ってくれること) を約束した] と説明しましたが、Unit 13〜14を学習した皆さんは、ちょっと強引かもしれませんが、He <u>promised to tell</u> me the truth. のように [promised to tell] を動詞相当語句として捉え、理解することも可能です。さらに、Unit 1の暗唱用例文10の I have decided (not to eat many sweets). も同様に [<u>have decided not to eat</u>] を動詞相当語句と捉え、定型表現として理解し、使うこともできます。

　　文法については、このように項目によって様々な説明が可能で、どれが正解でどれが正解でないかというのは議論を呼ぶところです。しかし大切なことは、学習者が英文を理解し、使えるようになるために、どの説明が自分にしっくりくるかということです。まずは英文を理解しようと試行錯誤するなかで、わかったと納得できる説明を見つけて欲しいと切に願うものです。

 付録

Unit 1

1.1 不定詞を目的語とする動詞の例

agree to ～ [～することに同意する], aim to ～ [～することを目指す], begin to ～ [～し始める], decide to ～ [～することを決める], expect to ～ [～することを期待する], fail to ～ [～し損なう], forget to ～ [～することを忘れる], hope to ～ [～することを望む], like to ～ [～することを好む], love to ～ [～することを愛する], need to ～ [～することを必要とする], offer to ～ [～することを申し出る], plan to ～ [～することを計画する], pretend to ～ [～するふりをする], promise to ～ [～することを約束する], refuse to ～ [～することを断る], remember to ～ [～することを覚えておく], start to ～ [～し始める], try to ～ [～しようとする], want to ～ [～することを望む；～したい]

1.2 "S＋V＋O＋O[不定詞]"でよく使われる動詞の例

advise…to～ […に～するよう助言する], allow…to～ […が～することを許す], ask…to～ […に～するよう求める], beg…to～ […に～するよう乞う], compel…to～ […に～するよう強いる], enable…to～ […が～できるようにする], encourage…to～ […に～するよう励ます], expect…to～ […が～することを期待する], help…to～ […が～するのを手伝う；…が～するのに役立つ], oblige…to～ […に～するようさせる], order…to～ […に～するよう命令する], permit…to～ […が～することを許す], persuade…to～ […に～するよう説得する], recommend…to～ […に～するよう推奨する], remind…to～ […に～するよう思い出させる], request…to～ […に～するよう依頼する], require…to～ […に～するよう要求する], tell…to～ […に～するよう言う], warn…to～ […に～するよう警告する]

＊これらの動詞は、例えば " … is advised to ～"［…は～するよう助言される］のように受け身の形でもよく使われます [p.79 の 13.1 を参照]。

1.3 不定詞の形式主語・形式目的語の構文でよく使われる形容詞の例

amazing [驚きだ], dangerous [危険だ], difficult [難しい], disappointing [残念だ], easy [易しい], exciting [わくわくする], fantastic [すばらしい], fun [楽しい], good [良い], hard [大変だ], important [重要だ], impossible [不可能だ], interesting [おもしろい], necessary [必要だ], nice [良い], remarkable [注目すべきだ], right [正しい], strange [奇妙だ], surprising [驚きだ], terrible [ひどい], useful [役に立つ], useless [無駄だ], wrong [間違っている]

1.4 人の性格・性質の描写としてよく使われる形容詞の例

bad [悪い], brave [勇気がある], careless [不注意だ], clever [賢い], considerate [思いやりがある], cruel [残酷だ], foolish [愚かだ], generous [寛大だ], good [良い], kind [親切だ], naughty [いたずらだ], nice [素敵だ], polite [礼儀正しい], rude [無礼だ], silly [愚かだ], stupid

[ばかだ], thoughtful [思慮深い], thoughtless [軽率だ], unkind [不親切だ], unwise [思慮に欠ける], wise [賢い]

Unit 2

2.1 動名詞を目的語とする動詞の例

admit 〜ing [〜したことを認める], avoid 〜ing [〜することを避ける], begin 〜ing [〜することを始める], consider 〜ing [〜することを考える], deny 〜ing [〜したことを否定する], dislike 〜ing [〜することを好まない], enjoy 〜ing [〜することを楽しむ], finish 〜ing [〜することを終える], forget 〜ing [〜したことを忘れる], hate 〜ing [〜することを嫌う], help 〜ing [〜することを避ける], like 〜ing [〜することを好む], love 〜ing [〜することを愛する], mind 〜ing [〜することをいやだと思う], need 〜ing [〜することを必要とする], practice 〜ing [〜する練習する], regret 〜ing [〜したことを後悔する], remember 〜ing [〜したことを覚えている], start 〜ing [〜することを始める], stop 〜ing [〜することをやめる], try 〜ing [試しに〜してみる], want 〜ing [〜することを必要とする]

2.2 [前置詞＋動名詞] の慣用表現の例

apologize for 〜ing [〜したことを申し訳なく思う], be accustomed to 〜ing [〜することに慣れている], be ashamed of 〜ing [〜したことを恥じる], be good at 〜ing [〜することが得意である], be interested in 〜ing [〜することに興味がある], be proud of 〜ing [〜することを自慢する], be sorry for 〜ing [〜したことを申し訳なく思う], be sure of 〜ing [〜することを確信する], be used to 〜ing [〜することに慣れている], feel guilty for 〜ing [〜したことを悪かったと思う], feel like 〜ing [〜したい], have difficulty in 〜ing [〜することが困難である], insist on 〜ing [〜することを主張する], look forward to 〜ing [〜することを楽しみに待つ], object to 〜ing [〜することに反対する], prevent … from 〜ing […を〜することから妨げる], succeed in 〜ing [〜することに成功する]

Unit 3

3.1 "S＋V＋O [that 節]"の構文でよく使われる動詞の例

admit that 〜 [〜ということを認める], agree that 〜 [〜ということに同意する], appreciate that 〜 [〜ということに感謝する], assume that 〜 [〜と想定する], believe that 〜 [〜と信じる], claim that 〜 [〜と主張する], complain that 〜 [〜と不平を言う], conclude that 〜 [〜と結論づける], confess that 〜 [〜と白状する], confirm that 〜 [〜ということを確かめる], consider that 〜 [〜ということを考える], declare that 〜 [〜と宣言する], demand that 〜 [〜ということを要求する], disagree that 〜 [〜ということに同意しない], doubt that 〜 [〜でないと思う], estimate that 〜 [〜と見積もる], expect that 〜 [〜と期待する], find that 〜

[〜ということがわかる], hear that 〜 [〜とういことを聞く], imply that 〜 [〜とほのめかす], indicate that 〜 [〜ということを示す], know that 〜 [〜とういことを知っている], mention that 〜 [〜と言及する], predict that 〜 [〜と予測する], pretend that 〜 [〜ということを装う], prove that 〜 [〜ということを証明する], realize that 〜 [〜と悟る], recognize that 〜 [〜と認める], recommend that 〜 [〜と推薦する], reflect that 〜 [〜と考える], regret that 〜 [〜ということを後悔する], say that 〜 [〜と言う], suggest that 〜 [〜と提案する], suppose that 〜 [〜と思う], suspect that 〜 [〜であると疑う], think that 〜 [〜と思う], understand that 〜 [〜ということを理解する]

3.2 "S＋be動詞＋形容詞＋that節"の構文でよく使われる形容詞の例
be amazed that 〜 [〜ということに驚いた], be astonished that 〜 [〜ということに驚いた], be disappointed that 〜 [〜ということにがっかりした], be excited that 〜 [〜ということにわくわくした], be glad that 〜 [〜ということで嬉しかった], be happy that 〜 [〜ということで幸せだった], be sad that 〜 [〜ということで悲しかった], be satisfied that 〜 [〜ということに満足した], be sorry that 〜 [〜ということで申し訳なく思った], be sure that 〜 [〜ということを確信した], be surprised that 〜 [〜ということに驚いた]

3.3 that節の形式主語・形式目的語の構文でよく使われる形容詞の例
amazing [驚きだ], curious [妙だ], disappointing [残念だ], exciting [わくわくする], fantastic [すばらしい], good [良い], important [重要だ], impossible [不可能だ], interesting [おもしろい], necessary [必要だ], natural [当然だ], possible [可能だ], remarkable [注目すべきだ], right [正しい], sad [悲しい], significant [意義深い], strange [奇妙だ], surprising [驚きだ], terrible [ひどい], true [本当だ], wrong [間違っている]

3.4 that節と同格でよく使われる名詞の例
the advice that 〜 [〜という助言], the belief that 〜 [〜という信念], the chance that 〜 [〜という機会], the fact that 〜 [〜という事実], the feeling that 〜 [〜という感じ], the idea that 〜 [〜という考え], the news that 〜 [〜というニュース], the promise that 〜 [〜という約束], the suggestion that 〜 [〜という提案]

3.5 "S＋V＋O＋O [that節]"の構文でよく使われる動詞の例
advise…that 〜 […に〜という助言をする], convince…that 〜 […に〜ということを納得させる], inform…that 〜 […に〜ということを知らせる], persuade…that 〜 […に〜と説得する], promise…that 〜 […に〜という約束をする], remind…that 〜 […に〜ということを思い出させる], show…that 〜 […に〜ということを示す], teach…that 〜 […に〜ということを教える], tell…that 〜 […に〜と言う], warn…that 〜 […に〜と警告する]

Unit 8

8.1 前置詞句［前置詞＋名詞］の慣用表現の例

above all（とりわけ）, after all（結局）, as a rule（概して）, at any cost（どんな犠牲を払っても）, at any rate（とにかく）, by accident（偶然に）, by all means（ぜひとも）, by chance（偶然に）, by degrees（徐々に）, by mistake（間違って）, by nature（生まれつき）, by the way（ところで）, by turns（順番に）, for ages（長い間）, for good（永遠に）, for nothing（ただで）, for the first time（初めて）, in a sense（ある意味では）, in advance（前もって）, in a word（一言で言えば）, in detail（詳細に）, in other words（言い換えれば）, in person（自分で、直接に）, in the end（結局）, in the first place（最初に）, in turn（順番に）, on business（仕事で）, on foot（徒歩で）, on one hand（一方では）, on purpose（わざと）, on the other hand（一方）, on the spot（即座に）, on the whole（概して）, on the contrary（これに反して）, on the way（途中で）, on time（時間通りに）, on vacation（休暇で）, to one's surprise（驚いたことに）, to some extent（ある程度）, with ease（簡単に）

8.2 最上級の文における前置詞句の使用
(1) Tokyo Skytree is the tallest tower (in Japan).
東京スカイツリーは（日本で）一番高いタワーだ。
(2) The Pockers is the most famous rock band (in this town).
ポッカーズは（この町では）一番有名なロックバンドだ。
(3) Iwate is the second largest prefecture (in Japan).
岩手は（日本で）2番目に大きな県だ。

Unit 9

9.1 分詞構文を使った慣用表現

considering ～（～を考慮すると）, frankly speaking（率直に言うと）, generally speaking（一般的に言うと）, judging from ～（～から判断すると）, roughly speaking（大雑把に言うと）, strictly speaking（厳密に言うと）, speaking of ～（～と言えば）, weather permitting（天気が許せば）

Unit 10

副詞節を導く接続詞・接続詞相当語句

10.1 目的 [～ために] (2-14)

(1)　in order that … ～　[…が～するように]

Write this down in your notebook /in order that you don't forget/.

/あなたが忘れないように/これをノートに書き留めなさい。

(2)　lest … ～　[…が～しないように]

Please take a memo /lest you should forget the date/.

/あなたがその日を忘れないように/どうぞメモを取ってください。

10.2 時 [～とき] (2-15)

(1)　after … ～ […が～するあと]

It began to rain /after I left for school/.

/私が学校に向かったあと/雨が降り始めた。

(2)　as … ～ […が～するとき]

/As we arrived at the camp,/ the sun started to shine.

/私たちがキャンプに着いたとき/太陽が輝き始めた。

(3)　as soon as … ～　[…が～するとすぐ]

I noticed something strange /as soon as I entered the room/.

/その部屋に入るとすぐ/私は何か奇妙なことに気づいた。

(4)　before … ～　[…が～する前に]

You had better put it in your bag /before you lose it/.

/あなたがそれを失くす前に/バックに入れたほうがよい。

(5)　by the time … ～　[…が～するまでには]

I will get dinner ready /by the time they get home/.

/彼らが家に着くまでには/私は夕飯を用意するだろう。

(6)　every time … ～　[…が～するたびに]

/Every time we meet,/ he tells me an exciting story.

/私たちが会うたびに/彼は私にわくわくする話をする。

(7)　since … ～　[…が～して以来]

I haven't heard from Bonta /since he left for America/.

/ボンタがアメリカへ出発して以来、/ 私は彼から便りがない。

(8)　the first time … ～　[最初に…が～するとき]

/The first time I met Michi,/ she was seventeen years old.

/最初に私がミチに会ったとき/彼女は17才だった。

(9) the last time … ～ ［最後に…が～したとき］

She seemed fine /the last time we met/.

/最後に私たちが会ったとき/彼女は元気そうだった。

(10) the moment … ～ ［…が～するとすぐ］

She was embarrassed /the moment she saw me/.

/私を見た途端/彼女はどぎまぎした。

(11) till … ～ ［…が～するまで］

I can't meet you /till I finish my job/.

/仕事を終えるまで/私はあなたに会うことはできない。

(12) until … ～ ［…が～するまで］

You cannot appreciate the real French cuisine /until you visit France/.

/フランスを訪れるまで/あなたは本当のフランス料理を理解できない。

(13) whenever … ～ ［…が～するといつも］

She smiles /whenever I see her/.

/私が彼女に会うといつも/彼女は微笑む。

(14) while … ～ ［…が～する間に］

I heard students talking /while I was studying in the library/.

/私が図書館で勉強している間に/生徒たちが話しているのを聞いた。

2-16 **10.3 理由 ［～ので］**

(1) as … ～ ［…が～ので］

/As it snowed heavily,/ the school trip was canceled.

/雪がひどく降ったので/学校の遠足はキャンセルになった。

(2) now that … ～ ［…が～ので］

/Now that she has made up her mind,/ she wouldn't quit her job.

/彼女は決心したので/仕事は辞めないだろう。

(3) on the ground that … ～ ［…が～ので］

I failed the interview test /on the grounds that I could not answer his questions/.

/私は質問に答えることができなかったので/面接試験に落ちた。

(4) since … ～ ［…が～ので］

/Since I wasn't busy last week,/ I could join the BBQ party.

/先週忙しくなかったので/私はバーベキューパーティーに参加できた。

2-17 **10.4 条件 ［～たら］**

(1) according as … ～ ［…が～ならば］

/According as I am free,/ I will help you with the job.

/時間があったら/あなたの仕事を手伝います。

(2) as far as … ～ ［…が～する限り］

/As far as I'm concerned,/ I quite agree with him.

/私に関する限り/私は彼に全く賛成だ。

(3) as long as … 〜 ［…が〜しさえすれば］

They agree to hire Kaori /as long as she works on Saturday and Sunday/.

/土日に働きさえすれば/彼らはカオリを雇うことに同意する。

(4) in case … 〜 ［もし…が〜なら］

/In case you are lost,/ please feel free to call me.

/もしあなたら道に迷ったら/遠慮せずに私に電話してください。

(5) on condition that … 〜 ［…が〜という条件で］

I will tell you my secret /on the condition that you tell no one else/.

/あなたが誰にも言わないという条件で/私はあなたに秘密を話すだろう。

(6) once … 〜 ［いったん…が〜したら］

/Once you hear the song,/ you will never forget the melody.

/いったんあなたがその歌を聞いたら/決してそのメロディーを忘れないだろう。

(7) provided … 〜 ［もし…が〜なら］

I will let you join the class /provided you will do your best/.

/もしあなたが全力を尽くすなら/あなたを授業に参加させるだろう。

(8) so long as … 〜 ［…が〜しさえすれば］

You can get up any time, /so long as you can leave by 8 o'clock/.

/8 時までに出発できさえすれば/あなたは何時に起きてもよい。

(9) unless … 〜 ［もし…が〜でなければ］

/Unless you master English grammar,/ you cannot pass the exam.

/もしあなたが英文法をマスターしなければ/あなたは試験に合格できない。

(2-18) 10.5 譲歩 ［〜だが］

(1) though … 〜 ［…は〜だが］

/Though he was very tired,/ he worked on his homework until midnight.

/彼はとても疲れていたが/夜中まで宿題に取り組んだ。

(2) whereas … 〜 ［…は〜だが］

/Whereas some students are good at math,/ others are good at English.

/ある生徒たちは数学が得意だが/他の生徒たちは英語が得意だ。

(3) while … 〜 ［…は〜だが］

/While I admit her fascinating personality,/ I cannot be good friends with her.

/彼女の魅力的な個性は認めるが、/私は彼女と良い友だちになることはできない。

(2-19) 10.6 様態 ［〜ように］

(1) as … 〜 ［…が〜ように］

Roman Holiday is as interesting /as *Casablanca* [is]/.

*ローマの休日*は /カサブランカと同じくらい [がそうであるように]/面白い。

(2) like … ～　[…が～ように]

Why do they speak /like you do/?

彼らはなぜ /あなたが話すように/ 話すのですか？

(3) the way … ～　[…が～ように]

Naoyuki joined the soccer club /the way a lot of boys did/.

/多くの少年がそうしたように/ ナオユキはサッカー部に入部した。

10.7　程度 [～ほど]

(1) that … ～　[…が～するほど]

It was such a wonderful novel /that I read it three times/.

それは /私が3回も読んだほど/ とても素晴らしい小説だった。

[とても素晴らしい小説だったので3回も読んだ]

10.8　比較 [～より]

(1) than … ～　[…が～であるより]

Tokyo Skytree is taller /than Tokyo Tower [is]/.

東京スカイツリーは /東京タワーより [がそうであるより]/ 高い。

(2) than … ～　[…が～であるより]

Roman Holiday is more interesting /than *War and Peace* [is]/.

*ローマの休日*は /*戦争と平和*より [がそうであるより]/ 面白い。

(3) than … ～　[…が～するより]

He came back home earlier /than I expected/.

彼は /私が予想したより/ 早く家に帰ってきた。

Unit 12

12.1　仮定法過去の慣用表現 [現在の仮定]

(1) (Without his help,) I couldn't succeed in the examination.

（[今] 彼の助けがなかったら）私はその試験に合格できないだろう。

(2) (But for his help,) I couldn't succeed in the examination.

（[今] 彼の助けがなかったら）私はその試験に合格できないだろう。

(3) /If it were not for his help,/ I couldn't succeed in the examination.

/もし [今] 彼の助けがなかったら/ 私はその試験に合格できないだろう。

(4) /Were it not for his help,/ I couldn't succeed in the examination.

/もし [今] 彼の助けがなかったら/ 私はその試験に合格できないだろう。

12.2　仮定法過去完了の慣用表現 [過去の仮定]

(1) (Without his help,) I couldn't have succeeded in the examination.

（[あのとき] 彼の助けがなかったら）私はその試験に合格できなかっただろう。

(2) (But for his help,) I <u>couldn't have succeeded</u> in the examination.
（[あのとき] 彼の助けがなかったら）私はその試験に合格できなかっただろう。

(3) /<u>If it had not been for</u> his help,/ I <u>couldn't have succeeded</u> in the examination.
/もし [あのとき] 彼の助けがなかったら/ 私はその試験に合格できなかっただろう。

(4) /<u>Had it not been for</u> his help,/ I <u>couldn't have succeeded</u> in the examination.
/もし [あのとき] 彼の助けがなかったら/ 私はその試験に合格できなかっただろう。

Unit 13

13.1 SVOO [不定詞] の受け身の形でよく使われる動詞相当語句の例

be advised to～ [～するようアドバイスされる], be allowed to～ [～することが許される], be asked to～ [～するよう求められる], be begged to～ [～するよう乞われる], be compelled to～ [～するよう強いられる], be encouraged to～ [～するよう励まされる], be expected to～ [～することを期待される], be forced to～ [～するのを強制される], be obliged to～ [～するのを余儀なくされる], be ordered to～ [～するよう命令される], be permitted to～ [～することが許される], be persuaded to～ [～するよう説得される], be recommended to～ [～するよう推奨される], be requested to～ [～するよう依頼される], be required to～ [～するよう要求される], be told to～ [～するよう言われる], be warned to～ [～するよう警告される]

13.2 受け身になっても動詞のまとまりとしてそのまま使われる熟語の例

account for～ [～を説明する], apply for～ [～に申し込む], ask for～ [～を求める], believe in～ [～を信じる], break into～ [～に押し入る], bring about～ [～を引き起こす], bring up～ [～を育てる], call for～ [～を要求する], call off～ [～を中止する], call on～ [～を訪ねる], care for～ [～を好む], carry on～ [～を続ける], carry out～ [～を実行する], catch sight of～ [～を見つける], catch up with～ [～に追いつく], come up with～ [～を考え出す], deal with～ [～を処理する], find fault with～ [～のあら捜しをする], get rid of～ [～を取り除く], give birth to～ [～を産む], insist on～ [～を主張する], keep up with～ [～についていく], look after～ [～を世話する], look down on～ [～を見下す], look for～ [～を探す], look into～ [～を調べる], look through～ [～にざっと目を通す], look up to～ [～を尊敬する], lose sight of～ [～を見失う], make fun of～ [～をからかう], make much of～ [～を重視する], make up for～ [～の埋め合わせをする], make use of～ [～を利用する], pay attention to～ [～に注意を払う], point out～ [～を指摘する], put up with～ [～を我慢する], refer to～ [～を参照する], rely on～ [～を頼る], sum up～ [～を要約する], take account of～ [～を考慮する], take advantage of～ [～を利用する], take care of～ [～を世話する], take off～ [～を脱ぐ], take out～ [～を持ち出す], take over～ [～を引き継ぐ], take part in～ [～に参加する], turn down～ [～を断る], turn in～ [～を提出する], turn off～ [～のスイッチを切る], turn over～ [～をひっくり返す], work on～ [～に取り組む], write down～ [～を書き留める]

文法項目と本書の対応表

仮定法	仮定法過去	Unit 3, Unit 12
	仮定法過去完了	Unit 3, Unit 12
	仮定法未来	Unit 12
	ifの省略[倒置]	Unit 12
関係詞	関係代名詞[制限用法・非制限用法]	Unit 6, Unit 7
	関係代名詞のwhat	Unit 3
	関係副詞[制限用法・非制限用法]	Unit 7
	複合関係詞	Unit 4, Unit 11
完了形	現在完了進行形	Unit 13
	過去完了、過去完了進行形	Unit 3, Unit 10
強調構文	It is ~ that [who, which] …	Unit 7
5文型	S＋V＋C[that節, 疑問詞節]	Unit 3, Unit 4
	S＋V＋O[that節, 疑問詞節]	Unit 3, Unit 4
	S＋V＋O＋O[that節, 疑問詞節]	Unit 3, Unit 4
	S＋V[知覚動詞・使役動詞]＋O＋C[動詞]	Unit 14
受動態	助動詞＋受動態	Unit 13
	SVOO・SVOC・完了形・群動詞の受動態	Unit 13, Unit 14
助動詞	助動詞＋完了形	Unit 13
進行形	未来進行形	Unit 8
接続詞	that節の形式主語、形式目的語、同格	Unit 3
	if, whether	Unit 4
	目的・時・理由・条件・譲歩・様態・程度	Unit 10, Unit 11
動名詞	主語、補語、目的語、前置詞＋、意味上の主語	Unit 2
比　較	原級	付録10.6
	比較級	付録10.8
	最上級	付録8.2
付帯状況	with＋名詞＋前置詞句・過去分詞	Unit 8
不定詞	名詞的用法、形式主語、形式目的語	Unit 1
	形容詞的用法	Unit 5
	副詞的用法	Unit 8
	疑問詞＋to	Unit 2
分　詞	現在分詞・過去分詞の後置修飾	Unit 5
	分詞構文	Unit 9

[文法項目はあいうえお順]

わかって使える英語構文
―英文構造の理解から発信へ―

検印
省略

©2020 年 1 月 31 日　第 1 版発行
2024 年 1 月 31 日　第 3 刷発行

編著者　　　　　　　　羽井佐　昭彦
　　　　　　　　　　　Gary Bourke

発行者　　　　　　　　小川　洋一郎
発行所　　　　　　　株式会社 朝日出版社
　　　　　　〒101-0065 東京都千代田区西神田 3-3-5
　　　　　　　電話　東京　(03) 3239-0271
　　　　　　　FAX　東京　(03) 3239-0479
　　　　　　　E-mail　text-e@asahipress.com
　　　　　　　振替口座　00140-2-46008
　　　　　　　http://www.asahipress.com/
　　　　　組版／メディアアート　製版／錦明印刷

GLobal ENglish Testing System

大学生向け団体受験用テスト

GLENTS
Basic

グローバル英語力を測定
新時代のオンラインテスト

詳しくはWEBで！

https://www.asahipress.com/special/glents/organization/

銀行のセミナー・研修でお使いいただいています

Point 01
生の英語ニュースが素材

Point 02
場所を選ばず受験できるオンライン方式

Point 03
自動採点で結果をすぐに表示、国際指標 CEFR にも対応

※画像はイメージです。

テストを受けてくださった学生のみなさまの反応

◇生の英語でのテストは非常に優位性があると思いました。

◇動画問題があるのが面白い！

◇将来海外に行くときに直接役立つと感じました。

◇音声を聞くことができる回数が1回のみだったので、
　真の「聞いて理解する力」を試されていると思いました。

◇多様な生の英語に慣れておく必要性を感じる良い経験となりました。

これからの大学生に求められる英語とは

企業が求める英語力はどんどん変化しています。これからの社会人は、違う文化を持つ人々と英語でしっかりコミュニケーションを取る必要があり、異文化に対する知識・理解を増やす必要があります。ですから、それらを身につけるために生の英語＝CNN GLENTS Basicで英語力を測り、CNNをはじめ様々なメディアで勉強することは非常に効果の高い学習法だと感じていますし、お勧めします。

鈴木武生氏

東京大学大学院総合文化研究科修了（言語情報科学専攻）。専門は英語、中国語、日本語の意味論。1991 年にアジアユーロ言語研究所を設立。企業向けスキル研修、翻訳サービスなどを手掛ける。

受験料：大学生 1 人あたり 2,200 円（税込）　受験料は、受けていただく学生の人数によってご相談させていただきます。

株式会社 朝日出版社「CNN GLENTS」事務局　☎0120-181-202　✉ glents_support@asahipress.com